シンポジウム

五輪と万博、東京・大阪の未来予想図

—メディアに課せられた視点—

公益財団法人 新聞通信調査会 編

シンポジウム

五輪と万博、東京・大阪の未来予想図

—メディアに課せられた視点—

二宮清純氏による基調講演の模様＝2019年11月8日、ヒルトン大阪

パネルディスカッションの模様

第1部　基調講演

オリパラ万博

—東京・大阪の未来—

二宮清純

評論家・スポーツジャーナリスト

にのみや・せいじゅん　1960年、愛媛県生まれ。スポーツ紙や流通紙の記者を経てフリーのスポーツジャーナリストとして独立。オリンピック、サッカーW杯、メジャーリーグ、ボクシングなど国内外で幅広い取材活動を展開。明治大学大学院博士前期課程修了。広島大学特別招聘教授。大正大学地域構想研究所客員教授。認定NPO法人健康都市活動支援機構理事。『スポーツ名勝負物語』（講談社）『歩を「と金」に変える人材活用術』（広済堂出版）など著書多数。

第2部 パネルディスカッション

五輪と万博、東京・大阪の未来予想図

―メディアに課せられた視点―

パネリスト

関西大学名誉教授

宮本勝浩

みやもと・かつひろ　1945年和歌山市生まれ。大阪大学大学院経済学研究科修士課程修了。大阪府立大経済学部長、副学長、関西大学大学院教授などを歴任。2015年より現職。専門は国際経済学、理論経済学、関西経済論、スポーツ経済学。『経済効果ってなんだろう？』（中央経済社）等の著書をはじめ国内外の大学の客員教授、各種公職も歴任。「阪神優勝の経済効果」「第100回夏の甲子園の経済効果」など数々の経済波及効果を試算、発表しており「経済効果の匠」と呼ばれる。

パネリスト

元女子バドミントン日本代表

小椋久美子

おぐら・くみこ　三重県出身。8歳でバドミントンを始める。2001年の全国高校選抜でシングルス準優勝。三洋電機入社後の02年には全日本総合バドミントン選手権シングルスで優勝。その後、ダブルスプレーヤーに転向し、北京オリンピックで5位入賞、全日本総合バドミントン選手権では5連覇を達成。10年現役を引退。現在は解説や講演など通じてスポーツの楽しさを伝える活動を行っている。

スポーツライター

生島 淳

いくしま・じゅん　1967年、宮城県生まれ。早稲田大学卒業後、博報堂に入社。勤務のかたわら執筆活動を開始し、1999年に独立。オリンピックは1996年のアトランタ大会、ラグビーW杯は1999年のウェールズ大会から現地にて観戦、取材。著書に『奇跡のチーム』『箱根駅伝　ナイン・ストーリーズ』（いずれも文春文庫）、『エディー・ジョーンズとの対話』（文芸春秋）など。

パネリスト

小林伸年

時事通信社解説委員長

こばやし・のぶとし　東京都出身。86年時事通信社入社。静岡総局、横浜総局、本社内政部、シドニー特派員、内政部長、長野支局長、海外速報部長等を経て2019年7月より現職。内政部時代は主に社会保障、公共事業、地方財政を担当した。「人口減少時代の行政施策」「効果的な自治体広報」などをテーマに地方自治体の職員研修会などで講演しており、『全論点　人口急減と自治体消滅』『自治体PR戦略　情報発信でまちは変わる』（いずれも時事通信出版局）を監修。

コーディネーター

東京大学教養学部客員准教授

松本真由美

まつもと・まゆみ　熊本県出身。上智大学外国語学部卒業。大学在学中にテレビ朝日の報道番組のキャスターになったのをきっかけに、報道番組のキャスター、リポーター、ディレクターとして幅広く取材活動を行う。2008年より東京大学における研究、教育活動に携わる。東京大学での活動の一方、講演、シンポジウム、執筆など幅広く活動する。

パネルディスカッションの模様。(左から)松本真由美、宮本勝浩、小椋久美子、生島淳、小林伸年の各氏

受け付けの模様

司会を務めたフリーアナウンサーの戸丸彰子氏

シンポジウム

五輪と万博、東京・大阪の未来予想図

—メディアに課せられた視点—

公益財団法人 新聞通信調査会

シンポジウム

五輪と万博、東京・大阪の未来予想図

―メディアに課せられた視点―

主催者あいさつ

公益財団法人 新聞通信調査会
理事長 **西沢 豊**

皆さま、こんにちは。公益財団法人 新聞通信調査会理事長の西沢でございます。大阪で初めてのシンポジウムを企画しましたところ、大勢の皆さまにご来場いただきまして、誠にありがとうございます。私ども新聞通信調査会は毎年２回、その時々の国内外の問題とメディアの役割についてシンポジウムを開催しております。今回はいよいよ来年（2020 年）に迫った東京五輪・パラリンピックと、25 年に開催が決まった大阪・関西万博に合わせて「五輪と万博、東京・大阪の未来予想図―メディアに課せられた視点―」というテーマにいたしました。

前回1964年に東京五輪が、その6年後の70年に大阪万博が開催され、当時の高度経済成長に勢いを付けたと言われております。今回は東京が2020年、大阪が25年と、大変良く似た相似形につきまして「歴史は繰り返さないが韻を踏むことがある」と解説した人がおりますが、そこにはこの五輪と万博の二つのイベントを通じて平成の経済低迷から脱却を図る期待もあるものと思います。とりわけ万博については、「大阪・関西復権」の期待を背負っているとも言えるでしょう。

しかし、この五輪、万博を単に「経済効果」だけに矮小《わいしょう》化するべきではありません。五輪はもともと平和の祭典とも言われ、世界平和に寄与することも目的の一つです。そして万博は、人類の進歩や将来ビジョンを示す役割も担っております。国際社会は今、自国第一主義の声が強まり、これまで積み上げてきた平和の秩序が崩れかけているようにも思います。こうした時だからこそ、この五輪、万博を通じて、本来の意義を内外にアピールできるかどうかが成功の鍵になると思います。日本の存在を示す契機にしたいものです。

今日のシンポジウムは、第1部で五輪・パラリンピックに詳しいスポーツジャーナリストの二宮清純氏に基調講演をお願いし、これを受けて第2部のパネルディスカッションでは、阪神優勝の経済効果などの著書がある宮本勝浩関西大学名誉教授、元女子バドミントン日本代表の小椋久美子さん、スポーツライターの生島淳さん、さらに地方行政にも詳しい小林伸年時事通信社解説委員長に議論いただきたいと思います。コーディネーターは、いつものように松本真由美東京大学教養学部客員准教授にお願いいたします。どうぞご期待ください。

最後になりますが、大変ご多忙の中を快く引き受けてくれた二宮氏ならびにパネリストの先生方に改めてお礼を申し上げ、簡単ではございますが開会に当たっての主催者あいさつといたします。ありがとうございました。

目次

シンポジウム

五輪と万博、東京・大阪の未来予想図

― メディアに課せられた視点 ―

第1部　基調講演

オリパラ万博

―東京・大阪の未来―

二宮清純　評論家・スポーツジャーナリスト

第2部 パネルディスカッション

五輪と万博、東京・大阪の未来予想図

—メディアに課せられた視点—

パネリスト

宮本勝浩　関西大学名誉教授
小椋久美子　元女子バドミントン日本代表
生島 淳　スポーツライター
小林伸年　時事通信社解説委員長

コーディネーター

松本真由美　東京大学教養学部客員准教授

編集後記

シンポジウム開催概要

題名　五輪と万博、東京・大阪の未来予想図
　　　―メディアに課せられた視点―

主催　公益財団法人 新聞通信調査会

会場　ヒルトンホテル大阪（4階金の間）
　　　大阪市北区梅田1－8－8

日時　2019年11月8日13:30～17:00（13時受付開始）

内容　第1部　基調講演　13:35～14:45
　　　第2部　パネルディスカッション　15:00～17:00

【表紙の写真】

（表紙）

木材がふんだんに使われた外観が特徴的な国立競技場＝2019年12月15日（共同）

（裏表紙）

大阪万博開催決定を記念し、プロジェクションマッピングで真っ赤に染まった太陽の塔＝2018年11月29日、大阪府吹田市の万博記念公園（共同）

第1部

基調講演

オリパラ万博

―東京・大阪の未来―

二宮清純

評論家・スポーツジャーナリスト

オリパラ万博

―東京・大阪の未来―

二宮清純
評論家・スポーツジャーナリスト

二宮清純氏

インパクトプレーヤー

皆さま、こんにちは。今日、ラグビーワールドカップ（W杯）2019日本大会のバッジを着けてきましたが、うらやましがられるのです。W杯が始まる前には「それ何ですか」と言われたのが、今は「いくらで売ってくれますか」。今回のW杯で「ワンチーム」を掲げた日本代表、素晴らしい活躍を見せてくれました。史上初めてベスト８進出を果たしたわけですが、私が一番感動したのは、このチームには補欠がいなかったということです。

ラグビーW杯準々決勝南アフリカとの試合後、記念写真に納まるラグビー日本代表＝2019年10月21日、味の素スタジアム（共同）

ラグビーの場合、15人がピッチに出ていて、８人がリザーブ（控え）のプレーヤー。今まで「ラグビーは15人」と言われていたのが、控えの８人は「インパクトプレーヤー」と呼ばれ、役割としての価値を認められるようになった。前回W杯のヘッドコーチ、エディー・ジョーンズの頃からだと思いますが、今の社会に何かヒントになるような気がします。正社員に対して「非正規雇用」と言われると、「正」ではなく何か悪いことのような気になります。ラグビーの場合、正選手、補欠という言い方をやめて、インパクトプレーヤーなのですから、日本社会も非正規社員という言い方をやめ「インパクト社員」にする。安倍内閣が掲げる「１億総活躍社会」についても、ラグビーを見ていて分かりました。「誰にでも居場所と役割、出番のある社会」ではないか。これこそ性別、年齢、国籍に関係ない本当の意味での総活躍社会ではないか。これが「ワンチーム」ではないか。そう考えると今回のラグビー日本代表は、日本の未来に素晴らしいヒントを与えてくれたと思います。

スポーツポリティクスで発信力を

その一方でオリンピック、国際オリンピック委員会（IOC）は何をやっているのでしょう。いきなり、マラソン、競歩のコースが東京から札幌へ。寝耳に水。小池百合子東京都知事は「青天の霹靂《へきれき》」と言いました。多分、率直な感想でしょう。

「ドーハの悲劇」はサッカーだけではなく陸上にもあった。カタールの首都、ドーハで開かれた世界陸上（2019年９月）で選手が倒れ、４割くらい棄権者が出た。IOC とすれば、東京五輪で暑さの中で選手が倒れてしまったら、ブランドイメージが傷付くと考えた。IOC は「マネーファースト」ですから、「スポンサーも付かなくなる」という危機感があったのだろうと思います。この判断の是非はともかくとして、手続きを踏まえた上での「札幌移転」なら是とします。しかし、今回はあまりに民主的な手続きを無視している。

私には既視感があります。サッカーの2002FIFA ワールドカップ（W杯）は、日韓共催になりました。1996年に2002年大会の開催国がチューリヒ（スイス）で決まった。取材したのでよく覚えているのですけど、先に日本が開催国に手を挙げました。その後、韓国が手を挙げ投票になるわけですが、最初は圧倒的に日本が有利と言われた。ところが韓国が巻き返しました。現代グループという韓国の大財閥を中心にいろいろなロビー活動を行い、当日の投票直前になっても、どっちが勝つか分からなくなってしまったのです。

日本のバックにいたのは当時の国際サッカー連盟（FIFA）会長のジョアン・アベランジェというブラジル人。韓国のバックにいたのはレナート・ヨハンソンというヨーロッパ連盟（UEFA）会長で FIFA のナンバー２だった。この２人が激しい政争を繰り広げていた。ヨハンソンが肩を持ったのが韓国、アベランジェの庇護《ひご》下にあったのが日本、という構図だったのです。最後の最後に票読みができなくなった。

それで、投票直前になって１枚のレターが舞い込みました。そのレターに書いてあったのは「Co-hosted＝共同開催」。これを見た時に日本の招致委員会の事務総長は「FIFA のルールに『共同開催』は一言も入っていない。あり得ない」と言ったわけです。ところが共同開催。要するに、アベランジェにしてもヨハンソンにしても負けたら FIFA を去らなければいけない。そこで、２人が裏で手を組んで「投票箱」を奪い去った。その時の文言がまたひどい。「日本と韓国を仲悪くさせるわけにいかない」。自分たちの権益を守りたかっただけだろう。これが

1959年～1970年にかけての主な出来事

ウィキペディアより

★1959年

・5月26日 – IOC総会で、1964年の夏季オリンピック開催地が東京に決まる。
・6月25日 – 昭和天皇・香淳皇后が後楽園球場の巨人–阪神戦を観戦（天覧試合）。
巨人の長嶋茂雄選手が阪神の村山実投手からサヨナラ本塁打。
・10月5日 – 毎日放送テレビ系で、皇室情報番組『皇室アルバム』放送開始。また、NHK総合テレビでは
子供向け番組『おかあさんといっしょ』が、週1回の形式で放送開始（翌1960年9月より週6日の帯番組へ移行）。
・12月15日 – 第1回日本レコード大賞に水原弘歌唱の「黒い花びら」が選ばれる。

★1960年

・4月30日 – ソニーが世界初のトランジスタテレビを発売。
・6月20日 – 日本専売公社が「ハイライト」を発売。
・7月1日 – 大阪市営地下鉄御堂筋線の西田辺駅　– 我孫子駅間が開業（1987年に中百舌鳥駅まで延長）。
・12月27日 – 池田首相、所得倍増計画を発表

★1961年

・4月3日 – NHK朝の連続テレビ小説放送開始。第1作は獅子文六原作の『娘と私』。なお、みんなのうたも、同日から放送開始。
・4月12日 – 人類初の有人衛星、ソビエト連邦宇宙船ボストーク1号が、ユーリイ・ガガーリン飛行士を乗せ地球一周に成功。
・12月11日 – 大阪市営地下鉄中央線の大阪港駅　– 弁天町駅間が開業。

★1962年

・2月1日 – 花王石鹸、日本初の家庭用柔軟仕上げ剤「花王ソフター」を発売（1966年に「ハミング」に改称）。
・3月1日 – 日本のテレビ受信契約者が1000万突破（普及率48.5%）。
・7月11日 – 戦後初の国産旅客機YS-11が完成。
・10月3日 – 阪神が広島戦に勝ち、15年ぶりの優勝。セ・リーグになってからは初めて。
・10月5日 – ビートルズレコードデビュー。
・10月22日 – 米ケネディ大統領、キューバ海上封鎖を表明（キューバ危機）。

©スポーツコミュニケーションズ　&　二宮清純　　1

図1

本当の構図です。

私はその時「日本人はルールに対してナイーブ過ぎる」と思いました。というのは、この国では「校則を守るのがいい子」でルールをつくることをよしとしないのです。ルールというものはつくる、守る、変える、こういうサイクルから成り立つものです。ところが日本では、子供の頃から校則は守れという教育しか受けていないからルールをつくれない。

今回のマラソン、競歩の開催変更は、スポーツ界における「戦後の第2の敗戦」だと考えます。第1の敗戦がサッカーW杯共同開催、第2が今回のIOCの突然の変更。根回しし、納得した上で「札幌に変えたい」。これなら分かります。ところが日本の場合、IOCとかFIFAに弱い。日本人が弱いもの、三つあります。「お上」「決め事」「外圧」。この三つがそろったら完封負けです。そろそろルールをセッティング、メーキングする立場に立つ。このくらいの気概がないと「スポーツポリティクス」の現場で負け続けるのではないか。日本も主張すべきところは主張する。IOCとかFIFAに理事を送り込むということも考えないといけない時代になっています。

高度成長期に迎えた二つの大イベント

さて、「オリパラ万博ー東京・大阪の未来ー」というお題をいただきましたので、皆さまと一緒に考えてみたいと思います。

時系列に「1959年～1970年にかけての主な出来事」というのを作ってみました。**図1**を参照してください。一番上にあるのが五輪の開催（64年）が東京に決まった59年５月26日です。ここから大阪万博（70年）が終わるまで、その期間の主な出来事をまとめてみました。高度成長期が54年から73年にかけてですから、まさに高度成長期の日本の二大イベントだったと思います。

IOC 総会でオリンピック開催が決まり、翌月（59年６月25日）に昭和天皇と香淳皇后が後楽園球場の巨人ー阪神戦を観戦されます。「象徴天皇制として庶民の中に入っていく」という文脈の中で捉えるべきだと思います。ちなみにこの「天覧試合」、長嶋茂雄さんが村山実投手からサヨナラ本塁打をレフトスタンドにたたき込んだ。実はＯＮ（王貞治・長嶋）初めての「アベックアーチ」や吉田義男さんのファインプレー、藤本勝巳さんのホームランなど盛りだくさんの試合で５対４。今は試合時間が３時間を超えていますが、日本一の名勝負だと言われている天覧試合が２時間12分でした。

その後10月５日、毎日放送（大阪市）で皇室情報番組「皇室アルバム」の放送開始があります。「おかあさんといっしょ」（NHK）も始まった。第１回レコード大賞に水原弘の「黒い花びら」。歌謡番組とか庶民文化が花開いてきた。60年、ソニーが世界初のトランジスタラジオを発売。６月20日、日本専売公社（現日本たばこ産業）が「ハイライト」を発売。いわゆる農民や労働者のたばこで、高度成長期を支えたブルーカラーの象徴がハイライトだったのではないかと思います。大阪では市営地下鉄（現・大阪メトロ）御堂筋線の西田辺駅ーあびこ駅間が開業。12月27日には池田勇人首相の所得倍増計画です。「エコノミックアニマル」という言葉が出始めたのもこの頃です。

61年４月３日、NHK 朝の連続テレビ小説が放送開始。第１作は獅子文六原作の「娘と私」。４月12日、旧ソ連が人類初の有人人工衛星。12月11日に大阪市営地下鉄中央線の大阪港駅ー弁天町駅間が開業。62年に入りまして、花王石鹸が日本初の家庭用柔軟仕上げ剤「花王ソフター」を発売。冷蔵庫とか洗濯機、３Ｃの

★1963年

・1月18日 – ホテルニューオータニの運営会社である大谷国際観光（現・ニューオータニ）設立。
・6月5日 – 関西電力の黒部川第四発電所が完成。
・11月22日 – アメリカのケネディ大統領がテキサス州ダラスで暗殺される（ケネディ大統領暗殺事件）。
・12月8日 – 力道山刺される。12月15日死去。

★1964年

・4月1日 – 日本初のワイドショー番組『木島則夫モーニングショー』（NET）が放送開始。
・8月12日 – 国際オリンピック委員会が人種隔離政策を理由に南アフリカ共和国をオリンピックから追放。
・9月1日 – ホテルニューオータニ、東京プリンスホテル開業。
・9月24日 – 大阪市営地下鉄御堂筋線の新大阪駅　– 梅田駅間が開業（1970年に北大阪急行電鉄との直通運転を開始）。
・9月30日 – 阪神、2年ぶりのセ・リーグ優勝。9月16日から連勝し、ペナントレース最終日に優勝を決める。
・10月1日 – 世界初の高速鉄道、東海道新幹線開業（東京　– 新大阪間。運賃・料金は合算でひかり2,480円、こだま2,280円）。
同時に大ダイヤ改正実施。
・10月10日 – アジアで初開催となる夏季オリンピック（第18回大会）が東京（日本）で開会する。（東京オリンピック）。
・10月31日 – 大阪市営地下鉄中央線の弁天町駅　– 本町駅（仮）が開業。当時の本町駅は仮駅だった。

★1965年

・6月6日 – 日本サッカーリーグが開幕。
・10月1日 – 大阪市営地下鉄四つ橋線の西梅田駅　– 大国町駅間が開業。
・10月25日 – 大阪万博のテーマが「人類の進歩と調和」に決定。
・11月1日 – 東海道新幹線「ひかり」が東京　– 新大阪間で当初予定の3時間10分運転を開始。
・11月17日 – プロ野球第1回ドラフト会議が行われる。

★1966年

・3月31日 – 日本の総人口一億人突破。
・6月29日 – ビートルズ来日（6月30日から3日間日本武道館で公演）。

©スポーツコミュニケーションズ　& 二宮清純　2

図２

カラーテレビはもうちょっと後ですが、家電が普及し始めた頃でもあります。３月１日、日本のテレビ受信契約者が１千万突破。とはいえ普及率は48.5％です。そして７月11日、戦後初の国産旅客機 YS―11が完成。10月３日には阪神が広島戦に勝ち15年ぶりの優勝。この時の監督は藤本定義さんで、巨人と阪神の両方を優勝させた監督は、この藤本さんだけです。

そして10月５日にビートルズがレコードデビュー。10月22日には米国のケネディ大統領がキューバ海上封鎖を表明しました。このキューバ危機にはスポーツも関係しており、米軍がキューバの航空写真を撮ったところ、かつては野球場だった所がサッカー場に変わっていたことが分かった。これでソ連が入っているということを確信したという。野球場のままだったら、多分気が付かなかったという説もあります。

63年に入り、ホテルニューオータニの運営会社の設立（**図２**）。五輪・パラリンピックというのはイノベーションがいろいろ起きます。突貫工事でホテルニューオータニを造りましたので、時間がないということで、成形した物をそのままはめ込む「ユニットバス」が世界で初めてできました。６月５日、関西電力の黒部川第４発電所（富山県黒部市）が完成、私は「黒部の太陽」という石原裕次郎と三船敏郎の映画で見た記憶があります。11月22日、ケネディ大統領がダラスで暗殺され、12月８日には力道山が刺される。戦後最大の英雄がここで生涯を閉じました。

五輪、万博が開幕—高度成長の光と影の中で

1964年、まさに五輪イヤーです。８月12日にはIOCが人種隔離政策を理由に、南アフリカ共和国を五輪から追放。９月１日はニューオータニ、東京プリンスホテルが開業と、東京五輪に向かって準備が進みます。９月24日には大阪市営地下鉄御堂筋線の新大阪駅一梅田駅間が開業。10月１日、五輪の象徴、伸び行く東京、発展する日本。そのシンボルが世界初の高速鉄道、東海道新幹線の開業だったわけです。料金は「ひかり」が2480円、「こだま」が2280円。私が新幹線に乗るのはずいぶん後ですけど、一番感動したのは食堂車です。空席を待って乗っている時間よりも立っている時間の方が長かった気がしますが、カレーを食べたことをよく覚えています。食堂車を復活させてほしいですね。

10月10日、アジアで初開催となる夏季五輪が東京で開会します。開会式の中継でNHKの北出清五郎アナウンサーは何と言ったか。「世界中の秋晴れを全部東京に持ってきてしまったような、素晴らしい秋日和でございます」という名言です。今度はどういう実況になるのでしょう。「世界中の暑さを全部持ってきたような、サウナのような東京です」とか言うのでしょうか。

65年６月６日、日本サッカーリーグが開幕。前年の東京五輪で日本はアルゼンチンに勝ち、国内リーグをつくろうと。この頃はまだプロリーグではありませんが、これがメキシコ五輪での銅メダル、釜本邦茂さんの得点王に結び付いたと思います。10月１日、大阪市営地下鉄四つ橋線の西梅田駅一大国町駅間が開業。10月25日、大阪万博のテーマが「人類の進歩と調和」に決定しますが、これは今でも使えるのではないかと思います。私はこの時、小学校４年生か５年生だったのですが、四国からフェリーに乗って行きました。当時、アメリカ館とかソ連館という名前だったと思いますが、「月の石」のことは全然覚えていない。４、５時間待たされ、子供ですから大人の背中ばかり見ていましたが、この「人類の進歩

★1967年

・8月3日 – 公害対策基本法公布。
・9月1日 – 四日市ぜんそくの患者9人が訴訟を起こす。（日本における初の大気汚染訴訟）
・9月1日 – 三菱電機が電気掃除機「神風」を発売。

★1968年

・1月9日 - 円谷幸吉が自殺をする。
・4月12日 - 日本初の超高層ビル・霞が関ビルディングが完成。
・8月20日 - ワルシャワ条約機構軍がチェコスロヴァキアに軍事介入（チェコ事件）。
・10月11日 - アメリカの有人宇宙船「アポロ7号」が打ち上げ。

★1969年

・4月7日 - 永山則夫連続射殺事件犯人逮捕。
・8月14日 - 北アイルランド問題: イギリス軍が北アイルランドの宗教紛争に介入(en:Operation Banner)。
・9月6日 - 新東京国際空港建設開始。
・12月1日 - 住友銀行（現・三井住友銀行）が日本初の現金自動支払機を東京・新宿支店と大阪・梅田支店に設置。

★1970年

・3月31日 - 日本航空機よど号ハイジャック事件発生。
・9月13日 - 日本万国博覧会（大阪万博）閉幕。延べ入場者数約6421万人。
・11月25日 - 三島由紀夫、市ヶ谷の自衛隊東部方面総監部にて割腹自決（三島事件）。

©スポーツコミュニケーションズ　& 二宮清純　　3

図３

と調和」と岡本太郎さんの「太陽の塔」が記憶に残っています。

66年、日本の人口が１億人突破、結構古い話だという印象です。６月29日ビートルズが来日。67年８月３日、公害対策基本法の公布（**図３**）。９月１日、四日市ぜんそくの患者９人が訴訟を起こす。高度経済成長期の光と影の「影」の部分でしょう。大気汚染や水質汚濁、騒音、震動、地盤沈下…。高度成長のひずみと言っていいでしょう。

68年１月９日、円谷幸吉が自殺をする。人には言えないプレッシャーがあったのだろうと思います。東京五輪のマラソンで、最後にヒートリー（英国）に抜かれた。「後ろを振り向くな」と父親に言われていたのに振り向いてしまった。「次のメキシコ五輪では金メダルを取ってくださいよ」と言われる。プレッシャーがどれだけあったのか。「幸吉は、もうすっかり疲れ切ってしまって走れません。何とぞお許しください」。これが遺書です。東京2020五輪・パラリンピックがありますが、メディアも「金メダル、金メダル」と騒がない方がいい。円谷さんの例もありますし、結果として取れればいいですけれども、「メダル、メダル」というのはどうなのかなと。「幸吉は、もうすっかり疲れ切ってしまって走れません」。この言葉は重いと思います。

4月12日、日本初の超高層ビル「霞が関ビルディング」が完成。8月20日、ソ連を中心とするワルシャワ条約機構軍がチェコスロバキアに軍事介入。68年というのはメキシコ五輪があった年で、チェコの体操選手、チャスラフスカさんがソ連の選手と表彰台などで目を合わさず、弔意を連想させるような黒いレオタードで演技し本当に印象に残っています。10月11日、米国の有人宇宙船「アポロ7号」打ち上げ。

69年4月7日、連続射殺事件の犯人、永山則夫を逮捕。これもある意味において高度成長期のひずみが出たのかなと思います。当時、東京五輪をはじめ、建設ラッシュを支えたのが、主に東北や関東、北信越の労働者だった。永山則夫は青森から出稼ぎで出てきて、いわゆる労働力の使い捨てです。もちろん殺人犯ですから同情することはないといえばそうかもしれませんが、彼が残した『無知の涙』などを読むと、社会全体の問題として、今も「格差社会」の中で考えていかないといけないのではないかと思います。

9月6日、新東京空港（成田）建設開始。12月1日、住友銀行が日本初の現金自動支払機（CD）を東京の新宿支店と大阪の梅田支店に設置。そして70年3月、日本航空機「よど号」ハイジャック事件発生。犯人グループのリーダー、田宮高麿が「われわれは『あしたのジョー』だ」と言った。もう一人、運輸政務次官だった山村新治郎が「乗客を降ろせ、俺が人質になる」とたんかを切った。賛否両論あるでしょうが、昔の政治家の方が気骨があったのではないでしょうか。

9月13日、日本万国博覧会（大阪万博）開幕。延べ入場者数が6421万人ですから、本当に国家的イベントだったということがよく分かります。11月25日に三島由紀夫が東京都新宿区の陸上自衛隊東部方面総監部で割腹自殺をした。

駆け足ですが、この高度成長期の中で二つのビッグイベントが行われ、いろいろな光と影、いい事件もあれば悪い事件もあるという中で、伸びゆく東京あるいは大阪、発展する日本、その中での二大スポーツイベントだったと理解する必要があるのでしょう。過去を知ることが次なる五輪・パラリンピック、そして万博の成功に結び付くのではないかということで、あえて振り返ってみました。

老川慶喜[編著]東京オリンピックの社会経済史　日本経済評論社

第1部　東京オリンピック

関口英里　第1章　東京オリンピックと日本万国博覧会――消費される祝祭空間

はじめに――イベントとしてのオリンピック

・オリンピック→身体技術をディスプレイする万国博覧会
　万国博覧会→産業と文化を競うオリンピック
・オリンピックと万博は歴史的に密接なつながりを持つと同時に、文化装置としてのメカニズムや社会的な構造において同型性を有する

1）ナショナルなアイデンティティの再認識と巨大事業への加担
2）巨大なメディアイベント―集団的記憶の捏造
3）時代を創造する先端的ディスプレイとスペクタクルのイベントとしての意義

・五輪、万博とともに社会や人々とのインタラクションの中で時代を築く、重要な「文化装置」として作用

　4

図４

1．東京オリンピックと日本万博を読み解く視点

（1）東京オリンピックと日本万博――独自の共通特徴と文化的意味作用

・東京五輪と日本万博――対外的、国内的に担うべき「使命」と、是が非でも達成すべき「目標」の共有
1）世界に向けた総合的な国力のアピールと地位向上
2）国内に向けた経済発展
3）日本的なアイデンティティの再強化

すなわちグローバルとローカルの二面性を持つ課題
・1964年オリンピック 「もはや戦後ではない」「岩戸景気」「所得倍増計画」「高度経済成長」「街殺し」
・1970年万博 「人類の進歩と調和」「文化的ナショナリズムの再強化」「3兆5000億円」万博は東京オリンピックの関西版

・二つの柱は「経済復興」と「国際社会復帰」
・メディアの役割／東京五輪は「テレビオリンピック」、日本万博は「映像の万博」、マスコミは「批判者でも傍観者でもなく、
　むしろ主催者」。2つのイベントはメディアの作った「事件」
・イベントの「お祭り」性
・壮大で国家的な消費の「お祭り」

（2）戦前の「幻」をめぐる宿命的関係

・五輪、万博ともに第2次世界大戦前から計画
・戦後復興と高度経済成長を現実のものにした日本にとっての「積み残し課題」
・戦前の「幻」との連続性
・1940年万博は「中止」ではなく「延期」
・万博テーマ「人類の進歩と調和」は国粋主義的な姿勢が平和的なものに置き換えられた上で、「西洋（他者）」対「日本（自己）」という、近代的二項対立の文化的アイデンティティを受け継いだ
・五輪と万博／国家が戦後に実現させた大きな悲願――国家整備の総仕上げを成し遂げるための装置として機能

　5

図５

消費文化を象徴する三波春夫

五輪・万博に関する本で一番面白かったのが、老川慶喜編著『東京オリンピックの社会経済史』（日本経済評論社）で、五輪と万博の共通性、共通点をコンパクトにまとめています。

関口英里さんが書いた第１章は「東京オリンピックと日本万国博覧会―消費される祝祭空間」です。レジュメ風にまとめましたので**図４**を参照してください。「イベントとしてのオリンピック」というタイトルを付けた「はじめに」で、「五輪は身体技術をディスプレーする万国博覧会だ」と言っています。「万国博覧会は産業と文化を競う五輪だ」と考えると分かりやすく、万博の正体がつかみやすくなります。

そして第１節は「東京オリンピックと日本万博を読み解く視点　東京オリンピックと日本万博―独自の共通特徴と文化的意味作用」というタイトルが付いています（**図５**）。東京五輪と日本万博は対外的、国内的に担うべき「使命」と是が非でも達成すべき目標を共有しており、３点を挙げた上で「すなわちグローバルとローカルの二面性を持つ課題である」としています。二つの柱は経済復興と国際社会復帰、そしてメディアの役割に触れ、「二つのイベントはメディアの作った事件だった」というふうに結論付けています。

「戦前の『幻』をめぐる宿命的関係」ということで、実は1940年に五輪も万博も開催する予定だったのですが、戦況の悪化もあって中止になります。五輪、万博ともに第２次世界大戦前から計画されたもので、戦後復興と高度経済成長を現実のものとした日本にとっての積み残し課題でした。ただ、40年の万博は中止ではなく延期だったのです。万博のテーマは「人類の進歩と調和」という平和的なものに置き換えられた上で、西洋（他者）、日本（自己）という近代的二項対立の文化的アイデンティティーを受け継いだものだということです。五輪と万博は国家が戦後に実現させた大きな悲願、国家整備の総仕上げを成し遂げるための装置として機能したということです。

２節は「オリンピックと万博が生んだ新たな消費文化―メディアとしてのイベント・テーマソングと『お祭り』ムードの醸成」というテーマで、この項目が一番面白かった（**図６**）。東京五輪と日本万博の「テーマソング」、広義の文化的メ

2．オリンピックと万博が生んだ新たな消費文化
——メディアとしてのイベント・テーマソングと「お祭り」ムードの醸成

（1）東京オリンピックと日本万博の「テーマソング」

・広義の文化的メディアとしての「歌」「テーマソング」
・最も売れたのが「五輪音頭」と「世界の国からこんにちは」
・歌手・三波春夫はいかにして選ばれ、どんな役割を担わされたか

（2）「東京五輪音頭」と「世界の国からこんにちは」——作品の制作背景と概要

・日本独特の伝統文化である「音頭」に乗せ、地域共同体の人々が「輪」になって踊る盆踊り
↓
「和」を復活させ、再現する装置
↓
オリンピックの理念としての「世界平和」、万博のテーマである「人類の進歩と調和」の実現

（3）東京オリンピックと日本万博という「お祭り」を結ぶ「神」の歌声

・三波春夫の苦労話、出世話→「神話」の形成
・着物姿で模範的な「民族歌手」
・親しみやすさと尊敬の念を喚起する「国民的歌手」
・授章による「権威付け」
・三波春夫という「国民的アイコン」が社会的なムードを活性化する起爆剤に

 6

図６

3．戦前・戦後のイベントテーマソングをめぐる比較分析

（1）「幻」のオリンピック・万博と国策としてのテーマソング——戦後への遺産

・「幻」の万博にもテーマソング
・1938年に制定された「紀元二千六百記念日本万博行進局」
・戦前、ナショナルなイデオロギーと大衆民謡歌謡文化の統合リベラルな活動を目指したマスメディアが政府の主導するイデオロギー流布に貢献

（2）時代による相違と文化装置の進化——消費文化の「お祭り」と「和」をめぐるナショナリズム

・東京五輪と日本万博の重要な共通点——「お祭り」の重要性と理念の形骸化
・東京五輪と日本万博の重要な相違点——戦前の最大の目的は「国民総動員」、戦後は祝祭的なイベントへの参加促進
・問題点／捏造された「お祭り気分」を、まるで無害なものとして、積極的に受容していった「大衆の日常意識そのもの」であり、それを深部で強く規定していたメディアの「持続的で潜在的な効果」
・それは「『祭』や『あそび』に民衆を動員する総合演習」にほかならない
・その背景には、社会の潮流を操作する側と、半ば意図的な操作に気づきつつも「祭り」に乗っていた大衆の間に、ある種の信託関係が存在していたこを示す

 7

図７

ディアとしてのテーマソングで、最も売れたのが「東京五輪音頭」と「世界の国からこんにちは」で、歌手はともに三波春夫です。坂本九とかも歌っていますが、「三波春夫の歌だよね」という認識の方が強いと思います。

三波春夫（共同）

何で三波春夫が選ばれたのかを探ってみました。「『東京五輪音頭』と『世界の国からこんにちは』―作品の制作背景と概要」、ここから先は私が作ったところです。日本独特の伝統文化である「音頭」に乗せ、地域共同体の人々が「輪」になって踊る盆踊りと、「和」を復活させ再現する装置として、五輪の理念としての「世界平和」と万博のテーマである「人類の進歩と調和」の実現。ここまでは分かりやすい。そこから先です。東京五輪と日本万博を結ぶ「神」の歌声ということで、なぜ三波春夫が選ばれたのか。

私の推論ですから間違えているかもしれませんが、三波春夫さんはもともと浪曲師、新潟から東京に出てこられた方です。当時、東京五輪にしても万博にしてもだいたい出稼ぎの人が街を造っていきました。言葉は悪いかもしれませんが、出稼ぎ労働者、地方出身者の出世物語の頂点に立つ人が三波春夫だったのです。この三波春夫の苦労話と出世物語、これが「神話」の形成に役立ったのではないかと思われます。着物姿で模範的な「民族歌手」、親しみやすさと尊敬の念を喚起する「国民的歌手」、受賞による「権威付け」。三波春夫という「国民的アイコン」が国家的な祝祭ムードを活性化する起爆剤になった。三波春夫さんといいますと、どんな言葉を思い出されるでしょうか。「お客様は神様です」。まさに消費文化の象徴じゃないですか。

40年の五輪、万博が中止になった。37年に日中戦争が始まりますが、五輪、万博開催に一番反対したのは軍部です。「勝つまでは欲しがりません」ですから、余計な消費をするなと。消費は悪徳の時代です。鉄を使うなら銃弾に回せ、戦車に回せ。何で五輪、万博に回すんだ、と軍部の強硬な反対があって流れている。

おわりに

・東京五輪と日本万博の「同型性」の確認
・高度経済成長期の日本における五輪と万博の意義
・戦前の同時開催という「幻」からの影響と継続性
・メディアとの共謀による巧みな「仕掛け」
・戦時下の国策から国民の豊かさを実現するナショナル・イベントへ
・神聖なる天皇崇拝から神格化された国民的英雄の賞賛へ
・侵略的世界進出から友好的なグローバリズムへ
・大東亜共栄圏に基づくエスノセントリックなナショナリズムの鼓舞からグローバル／ローカルなアイデンティティ確認へ
・軍国主義的イデオロギーによる連帯から理念抜きのお祭りイベントでの一体感
・生産の鼓舞から消費の促進へ
・軍国主義的なトーンでナショナリズムを鼓舞する戦前の行進曲や国民歌謡から、共時的な高揚感を高めつつ、確実に「輪＝和」の中に人々を引き込んで日本的アイデンティティを刺激し、消費の祭りに動員する「音頭」へ、という流れは、オリンピックと万博という文化装置そのものの進化を象徴的に物語っている

結論／東京五輪と日本万博は時代を映し出すメディア。問題性を学び取るリテラシーを持って、壮大な「お祭り」に臨む心構えが必要

　8

図8

オリンピック・パラリンピック のパラダイムシフト

1964年 → 2020年

成長 → 成熟

6% → 30%

効率 → 快適

　9

図9

ところが、戦後になって三波春夫は何と言ったか。「お客様は神様です」。消費は悪徳から美徳に変わる。そのアイコンとしての象徴が三波春夫だったのではないか。大衆消費社会のシンボルとして三波春夫が選ばれたのではないか。

歌がうまいだけなら三橋美智也でも、村田英雄でもよかった。でも、三波春夫しかいなかった。三波春夫の神話性です。雪の深い新潟から出てきて、でっち奉公しながら浪曲歌手として成功して勲章までもらった。出稼ぎの星だ、地方の星だという人に、五輪、万博の歌を任せた政府には何がしかの意図があったのでしょう。その意味で、昔の政府には賢い面もあったのではないかという気がします。「消費社会と五輪・万博の共通性」は押さえておいた方がいいと思います。

時代を映し出すメディア

続きまして、戦前戦後のイベントテーマソングです（**図7**）。「幻」の万博にもテーマソングはあった。1938年に制定された「紀元二千六百記念日本万博行進曲」。戦前、ナショナルなイデオロギーと大衆民謡歌謡文化の統合に、リベラルな活動を目指したマスメディアが政府の主導するイデオロギー流布に貢献しました。時代による相違と文化装置の進化、消費文化の「お祭り」と「和」を巡るナショナリズム。東京五輪と日本万博の重要な共通点は「お祭り」の重要性と理念の形骸化です。重要な相違点は、戦前の最大の目的は「国民総動員」であり、戦後は祝祭的なイベントへの参加促進だったことです。

問題点は、でっち上げられた「お祭り気分」をまるで無害なものとして積極的に受容していった「大衆の日常意識そのもの」であり、それを深部で強く規定していたメディアの「持続的で潜在的な効果」――これは私が書いているわけではないのですけど――そういう批判もあるということです。それは「祭」や「遊ぶ」に民衆を動員する総合演習にほかならない。その背景には社会の潮流を操作する側と、半ば意図的な操作に気付きつつも「祭り」に乗っていった大衆の間に、ある種の信託関係が存在していたことを示すという話になっています。

「おわりに」は**図8**をご覧ください。結論として「東京五輪と日本万博は時代を映し出すメディア」「問題性を学び取るリテラシーを持って、壮大なお祭りに挑む心構えが必要」という結論になっています。皆さんの中になるほどと思う人もいれば、いやそうではないだろうと、いろいろな意見があると思いますが、ざっと五輪決定から万国博覧会開催までのあらましを説明させていただきました。

重高齢化社会―効率から快適へ

問題はどのように五輪・万博を迎えるかということです。1964年と2020年の五輪はどう違うのか（**図９**）。1964年は、ご説明した通り「行け行けドンドン」です。「伸び行く東京、発展する日本」のシンボルですから、コンセプトは「成長」です。2020年、私はコンセプトを成長から「成熟」に変えるべきだろうと思っています。その根拠は高齢化率です。1960年の高齢化率、すなわち65歳以上の人口は６％、100人のうち６人です。日本全体が青春だったのです。2020年は29％で30％に近づく。３人に１人がお年寄りの時代です。そうであるならば、成長一辺倒ではなく「暮らしやすい東京、住みやすい大阪」、そちらを目指すべきではないかと思うのです。

次の万博は25年ですが、何と「団塊の世代」が皆、75歳以上になるのです。「2025年問題」と言われ、深刻と言っていいか分かりませんが、「超高齢化社会」という言い方は間違いで、今は「重高齢化社会」という時代になっている。ということは、五輪・パラリンピックというのは、ある種の社会変革運動ですから、社会と絶縁した中で行われるわけではないので、こういう社会状況を踏まえる必要がある。そうなると「効率から快適へ」ということです。

古い新聞を引っ張り出して、高度経済成長の頃の「水戸黄門の印籠」ともいうべき一番強い言葉を調べると「効率」だったのです。「働き方の効率が悪い」と言われると、「直ちに善処致します。改善致します」と言わざるを得なかった。「あなたの学び方は本当に効率が悪いですね」と言われても「何か問題がありますか」とは、口が裂けても言えなかったのです。「効率」という言葉の前には、誰もが無力だった。今も「効率」という言葉が死語になっているとは決して思いませんが、一回深呼吸して考えませんか。「重高齢化社会ですよ。何でもかんでも効率ばっかり追求する砂をかむような人生でいいのですか」と。これからは「効率から快適へ」ではないかなというふうに考えています。

「効率から快適へ」。実はヒントをくれた方がいます。JR 九州会長の唐池恒二さんから面白い話を聞いたのです。JR九州の１番のヒット商品は何か。豪華寝台列車「ななつ星 in 九州」です。まだ乗ったことがないので聞いた話ですけど、観光列車で３泊４日から４泊５日で九州を周遊する。オーシャンビューで風景がいい。九州ですから食べ物はおいしい。海の幸、山の幸何でもあります。温泉もあります。これを唐池さんが提案した時は「何だそれ。遅い。交通機関はスピードが命だ。誰がそんなのに乗るか」と言われたらしいのですが、シルバー世代の人たちに大人気で、予約が取れない状態が続いているというのです。

JR 九州の豪華寝台列車「ななつ星 in 九州」（共同）

高齢化社会、重高齢化社会を迎えて、人々のニーズ、人生に対する考え方が変わってきました。「幸せとは何だろう」と。人それぞれ価値観は違います。10人いたら10人、幸せの基準も価値観も違います。あえて言うなら、最大公約数としての幸せの価値観は、死ぬ前に「私たちの人生もそんなに悪くはなかった」と、このくらいで十分。人生は「８勝７敗くらいがちょうどいい」と思うのです。時々「13勝」を目指す人がいますが、どこかでひずみが来ます。「３勝12敗」でも一つ横綱に勝っておけばいい。シルバー世代の人たちがなぜ「ななつ星」に引かれるのか。あるアンケートを見ました。70歳くらいのご婦人が「お父さん、子供も大きくなったし、そろそろ私たちも楽しませて。温泉にでも連れて行ってよ。おいしいもの食べさせて」と、そういうシルバー世代の人たちを中心に予約が１年取れないというのです。

人々の意識が変わってきました。1964年の姿を追い掛けるのではなく、2020年の五輪・パラリンピックの姿とは何だろうか、そして、その先にある25年万博の姿とは何かということを考えなければならない。「成長から成熟へ」「効率から快適へ」というパラダイムシフトの中で、五輪・パラリンピックが行われるべきで、それが25年の万博にもつながる。その根拠は高齢化率です。これは幸か不幸か変わりません。もっとこの数値は伸びていきます。そうすると、いつまでたっ

図10

ても青春ドラマばっかりやっているわけにはいかない。「深呼吸をして落ち着いて、重心を下げて未来を考えませんか」というのが私の考えです。

20年東京大会はパラリンピックが鍵

2020年の勝負は五輪よりパラリンピックだと思っています。パラリンピックが成功するかどうかが、成功の大きな鍵を握っているのではないかと思っています。一人、アスリートを紹介します。河合純一という選手で、パラリンピックの競泳で金メダル５個を含むメダル21個を持つレジェンド中のレジェンドです（**図10**）。彼と初めて会った時、カルチャーショックを受けたのです。というのも、河合さんが私に第一声、何と言ったか。「二宮さんは私の後輩に当たる」と言ったのです。「ちょっと待てよ。俺の方がちょっと年上やで」と思いましたが、彼は続けました。「二宮さん、朝起きてちゃんと新聞を読んでいます？」。失礼なこと聞くやつだなと思って「一応読んでいますよ。ちょっと老眼が入ってきていますけどね」。そうしたら「20年後、30年後、同じように新聞読める保証なんてないですよ。緑内障になるかもしれない。白内障になるかもしれない」と。彼も若き日に病で視力を失っているのです。「二宮さんは大丈夫かもしれないが、ご両親、ご家族、どなたか視力を失う方が出てきますよ」。つまり「私たち障害者は二宮さんのような健常者の未来の姿だ」と彼は言ったのです。

「二宮さん、今、何かスポーツをやっています？」「たまに誘われたら、下手なゴルフに行きます」「20年後、30年後、同じようにゴルフをできる保証はないですよ。膝を痛めるかもしれない。腰を痛めるかもしれない。交通事故に遭わない保証なんてない。二宮さんは大丈夫かもしれないが、ご両親、ご家族のどなたか車いすの世話になる方が出てきますよ」。私はその時に初めて、五輪とパラリンピックが地続きでつながったような気がしました。正直申し上げますが、それまで私は五輪とパラリンピックは別物だという考えだったのです。考えてみたら、高齢化していくということは、どこか身体の機能を少しでも失うということです。障害者というのはわれわれ健常者の先輩なのです。

せっかく五輪・パラリンピックがやって来るのであれば、今のうちに環境を整備した方がいいのではないか。障害者スポーツに対する環境整備は、この重高齢化社会と極めて親和性が高い。今のうちに障害者スポーツの環境整備をすれば、われわれの未来のレガシーになる。私たちの子供や孫へのレガシーになる。もちろん五輪は大事だけれども、本当の東京2020の実力、そして日本の民度が問われるのはパラリンピックじゃないか、そう思えて仕方がないのです。

できることから始めよう

1988年のソウル以来、五輪をずっと取材していますが、ロンドン大会の成功例を挙げます。ロンドンが先進都市だと言われる背景の一つに、スーパーマーケットに入ると日用雑貨とか食料品の棚が低かったのです。車いすで来ると高い棚だと取れません。あるいは、車いすが通れるような導線を確保する。さすが先進都市だと思いました。感心したのは名刺です。悪い見本の私の古い名刺は、老眼が進むと電話番号やメールアドレスが読めません。お会いした五輪・パラリンピック関係者はもちろん、行政官、企業の少なくない数の方の名刺には点字が入っていました。これマスト（必須）だと思います。「おもてなし」で招致した国です

半谷 静香　パラ柔道選手

「移動中に困るのはスマートフォンを歩きながら操作している人たち。スマートフォンの高さが私の眉間の高さなんです。男の人たちが割と勢いよく当たってくる。割と痛いんですけど、無言でいなくなってしまうことが多い。そういうのはちょっと困ります」

第三文明社
「月刊 第三文明」インタビューより

　17

図11

神村 浩平　元車いすバスケットボール選手
株式会社ニコドライブ 代表取締役社長

神村さんの意識を変えたのは高校卒業の米国留学でした。そこでは17、18歳の障がい者たちが車を改造することなく、自分たちで運転していました。
「これにはカルチャーショックを受けましたね。“車がこれだけ身近だと10代後半から自立できるんだな”という現実を目の当たりしました。チームでは10人乗り1台の車を借りて、後付けの装置を取り付ければ障がいのある方が運転して遠征に行くこともできました。その時に“障がい者も健常者と同じ行動ができれば、人生の幅が広がるんだ”と感動したんです。アメリカでのこれからの経験が会社を創業するきっかけとなりました」

二宮清純責任編集
「SPORTSCOMMUNICATIONS」より
https://www.ninomiyasports.com

　14

図12

から。私も名刺に点字を入れました。

幸い五輪・パラリンピックまでまだ時間がありますから、できることから始めるというのは極めて大事だと思います。私の友人で、ブラインドサッカー（視覚障害者サッカー）のキャプテンをやっていた落合啓士選手から聞いた話を紹介します。日本では、何と視覚障害者の３人に１人が駅のホームからの転落事故を経験しているのです。多分、先進国としては極めて多いのではないでしょうか。健常者が落ちても危ない。障害者が落ちて電車でも来たら、極めて危険な状態になります。理由は何か。１番目はホームドアの設置が少ないことです。続いて、これは驚いたのですが「歩きスマホ」が原因だというのです。柔道の半谷静香選手から聞いた話では、ホームの点字ブロックに沿って歩いているときに「歩きスマホ」に勢いよく衝突されると、その衝撃で歩く方角が少しずれます。点字ブロックから線路まで80センチから１メートル、ドンと落ちるというのです **（図11）**。

３人のうち１人がホームからの転落事故を経験している。日本には五輪・パラリンピックで、開国以来の多くの障害者が集まるわけです。もう一つはキャリーバッグ。視覚障害者は怖いと言っています。体に付けている人はいいのですが、長くして引いている人はいませんか？　足が引っ掛かるというのです。

ホームドアの設置は予算の関係もあるでしょうし、工期の関係もある。しかし、少なくともスマホ教育だったら、今からでも間に合うのではないかと思います。2025年の万博についても同じことが言えるわけですから、東京とか大阪の問題ということではなく、日本国内で考えていかないといけない問題です。それが本当の「おもてなし」ではないかと思います。

共生社会と笑顔のおもてなし

五輪・パラリンピックはイノベーション、いろんな技術革新が起こります。その中で、一人紹介したい選手がいます。神村浩平さんという元車いすバスケの選手で、今は下肢障害者向けの手動運転補助装置「ハンドコントロール」を販売する会社の社長さんです **（図12）**。押せばブレーキ、引けばアクセル。つまり一本あったら障害者も片手で自動車を運転できる。パラアスリートでありながらビジネスでも結果を出し、本当に尊敬すべきだと思います。神村さんの意識を変えた

国枝 慎吾　プロ車いすテニスプレーヤー

「僕自身、車いすに乗っていることで、よく“偉いね”って言われるんですけど、別に偉くも何ともない。（健常者の）皆さんが普通にスポーツに親しむように、ただ僕は車いすを使ったスポーツをしたかっただけ。でも最近はいちいち“別に偉くないですよ”と言い返すのも面倒くさくなっちゃった（苦笑）。

とにかく僕自身のプレーを見てもらえば、確実に“これはスポーツなんだ”と理解してもらえると思うし、“かわいそう”という先入観も吹き飛ぶと思うんです。そうした面からも障がい者スポーツに対する概念を変えていきたい」

「なぜ健常者の試合はスポーツ面に載るのに、障がい者の試合は社会面や文化面なのか……」

小学館「ビッグコミックオリジナル」より

©スポーツコミュニケーションズ ＆ 二宮清純　13

図13

丸山 弘道　株式会社丸山弘道　代表取締役、テニス指導者

「『この前の試合は何なんだ？ウォーミングアップもせずに試合に入るなんて、言語道断だ！そんなプロフェッショナルのかけらもないヤツは四日市に帰れ！オレはもう二度と見ない！』と、テーブルを蹴飛ばし、ひっくり返したんです。そしたら『実は、前の晩に幻肢痛で寝ることができなかったんです』と言うじゃありませんか。最初は何のことを言っているのか、さっぱりわかりませんでした」

――いわゆる「ゴーストペイン」とか「ファントムペイン」というものですね。切断して、もうないはずの足が痛むという話は、私も医師から聞いたことがあります。
「そうなんです。しかも、その痛みが半端じゃない。アイスピックで足をガッガッと突き刺されたような激しい痛みなんだそうです。でも、当時の私はそんな知識はなかったので、斎田選手から説明されても、半分『そんなことあるわけないだろう？』と思いながら聞いていたんです。ところが後で調べてみると、本当にあるんですね。すぐに斎田選手に『オレが悪かった』と謝りました。それからですね、選手の身体について、本気で勉強し始めたのは。今でもまだわからないことはたくさんありますが、それでもとにかく『知る』努力だけはするように心がけています」

伊藤数子責任編集「挑戦者たち」より
https://challengers.tv

©スポーツコミュニケーションズ ＆ 二宮清純　18

図14

のが高校卒業後の米国留学でした。17〜18歳の障害者たちが、車を改造することなく自分たちで運転をしていたことにカルチャーショックを受けた。「車がこれだけ身近だと10代後半から自立できる」という現実を目の当たりにしました。チームで10人乗りの車を借りて後付けの装置を取り付ければ、障害のある方でも運転して遠征に行くことができます。その時、障害者も健常者と同じ行動ができれば人生の幅が広がると感動したのです。「米国での経験が会社を創業するきっかけになりました」と。本当に素晴らしい人物です。

メディアがこれからパラリンピックをどう捉えるか。車いすテニスの国枝慎吾選手からもいろいろ教えを受けたのですが、彼はこう言っていました**（図13）**。「僕自身、車いすに乗っていることで『偉いね』と言われるのですが、別に偉くも何ともない。健常者が普通にスポーツに親しむように、ただ僕は車いすを使ったスポーツをしたかっただけ。でも最近、いちいち『偉くないです』と言い返すのも面倒くさくなった。とにかく僕自身のプレーを見てもらえれば確実にこれはスポーツなんだと理解してもらえると思うし、かわいそうという先入観も吹き飛ぶと思うのです。そうした面からも障害者スポーツに対する概念を変えていきたい」

「健常者の試合は新聞のスポーツ面に載るのに、なぜ障害者の試合は社会面・文化面なのか」。これには私も本当に反省しました。どこかで私たちは「上から目線」になっていたのではないか。私も含めて「勇気をありがとう。感動をありがとう」などと社会面で書く。でも、彼らはちゃんとアスリートとして自分たちのパフォーマンスを正当に評価してほしいと思っている。国枝さんは僕にこう言ったのです。「悪かったら悪いと書いてくれ。二宮さんはサッカーとか野球とか、辛口で書くのにパラスポーツに対しては甘い。ちゃんと辛口で書いてくれ。それがパラスポーツを認めてくれた証拠だ」。こう言われた時、私はズシンときました。どこかで同情があったかもしれない。反省もしました。その人の人格をちゃんと受け止めて、そして正当な評価をすることが本当の共生社会であって、同情とか上から目線では本当の意味でのパラリンピックに向き合う姿ではないと。

国枝選手のコーチでもある丸山弘道さんに聞いた話です**（図14）**。コーチをしていたある選手がウオーミングアップもせずに試合に臨んだので、厳しく注意し「もうコーチをしない」と選手を叱ったところ、その選手は「前の晩に幻肢痛で

図15

寝ることができなかった」と説明したそうです。「ゴーストペイン」とか「ファントムペイン」というもので、切断してもうないはずの足が痛む。しかも激しい痛みだそうです。当時、丸山コーチにはそんな知識がなかったので、選手から説明されても「そんなわけないだろう」と聞いていたのですが、後で調べて選手に謝りました。健常者からすれば、切断した足が痛むということは考えられない。私たちも障害者に対する態度として、こうした配慮が必要なのかなと思います。

最後に紹介したいのが、元射撃選手の田口亜希さんです（**図15**）。2012年のロンドン大会では、「ボランティア」という言い方をやめ「ゲームズメーカー」という言い方をしました。五輪ゲームズ、パラリンピックゲームズを支えるということです。万博も「ゲームズメーカー」でいいと思います。田口さんは「エアライフルの試合の時、調子が良くなく最後まで撃っていたのですが、撃ち終わった時、最初に称賛の声を上げてくれたのがゲームズメーカーの人たちでした。そうしたら観客からも拍手が起こって、点数が悪くてがっかりしていたのですが、歓声と拍手のおかげで、笑顔で終えることができました」と言っているのです。拍手と笑顔がうれしかったこと、これは本当に大事な点だと思います。

インターネットでJOCとか、日本の（組織委員会の）役員の顔を見てみると、みんな怒ったような顔をしている。外国の人はとにかく笑顔。これが大事です。おもてなしの第一歩は笑顔です。コストもかかりません。日本人は笑うのが苦手です。やはり笑顔。アスリートが歓声と拍手のおかげで笑顔で終えることができましたと。シンプルだけど、私たちが忘れていることではないか。五輪・パラリンピック、そして万博を笑顔で迎える。本当にシンプルな、しかし最も大事なおもてなしなのではないかと考えています。

五輪・パラリンピック、そして万博について駆け足でご説明させていただきました。皆さま方、ご清聴、心よりありがとうございました。

第2部

パネルディスカッション

五輪と万博、東京・大阪の未来予想図

―メディアに課せられた視点―

パネリスト

宮本勝浩
関西大学名誉教授

小椋久美子
元女子バドミントン日本代表

生島 淳
スポーツライター

小林伸年
時事通信社解説委員長

コーディネーター

松本真由美
東京大学教養学部客員准教授

パネルディスカッション

五輪と万博、東京・大阪の未来予想図

—メディアに課せられた視点—

1. プレゼンテーション

松本真由美氏

松本　皆さん、こんにちは。本日はお忙しい中、たくさんの方にご参加をいただきまして、大変ありがとうございます。第１部の二宮清純様の講演に続きまして、これよりパネルディスカッションを始めさせていただきたいと思います。私は、本日のコーディネーターを務めさせていただきます松本真由美と申します。よろしくお願いいたします。

本日のシンポジウムのテーマは、「五輪と万博、東京・大阪の未来予想図―メディアに課せられた視点―」です。東京五輪は、2020年７月24日から８月９日まで開催され、東京パラリンピックは五輪閉幕からおよそ２週間後の８月25日に開幕し、９月６日まで開催される予定です。本番まで９カ月となりました。このところ、東京五輪・パラリンピックに関する報道も非常に多くなり、最近は（19年）11月１日に、競歩そしてマラソンの会場が札幌市に移されることが正式に決められ、報道されたことは皆さまご存じの通りです。一方、大阪・関西万博ですが、25年５月３日に開幕して、11月３日までの185日間の開期予定ですが、1970年以来、実に55年ぶりに大阪で開催する万博ということで、現在、産官学が連携して、着々と準備を進めていると伝えられます。東京一極集中が進む中、「大阪都構想」やカジノを含む統合型リゾート（IR）の誘致などで復権を目指していると言われる大阪。財政問題など乗り越える課題を抱えながら、開催地の「東京」と「大阪」は、これからどのように変貌していくのでしょうか。東京と大阪の都市としての今後はどうなるのか、またメディアはどのように報道していけばいいのかについて、本日は議論していきたいと思います。それでは、パネリストの方々を紹介します。それぞれ一言ずつ自己紹介をお願いします。最初に、関西大学名誉教授の宮本勝浩さんです。

宮本　皆さん、こんにちは。よろしくお願いします。ただ今ご紹介いただきましたように関西大学と大阪府立大学、両方の大学から厚かましくも名誉教授を賜っておりますけれども、専門は数理経済学で、最近は経済効果の計算をよく頼まれます。実は毎年、英語と日本語の論文を書いていますが、誰も読んでくれません。経済効果の計算をすると、すぐマスコミが取り上げてくれます。何かうれしいような情けないような、そういう現状でございます。どうぞよろしくお願いいたします。

松本　続きまして、元女子バドミントン日本代表の小椋久美子さんです。

小椋　皆さん、こんにちは。11年前の北京五輪に出場しました元バドミントン日本代表の小椋久美子です。引退してから行っている活動としては、バドミントンの解説やリポート、そして全国を回って子供たちにバドミントンの教室をする普及活動など、スポーツの楽しさについて、いろいろと伝えさせていただくような活動をさせてもらっています。今日は五輪を中心に、アスリートの立場として、その視点からいろいろお話をさせていただけたらと思っています。どうぞよろしくお願いします。

松本　続きましては、スポーツライターの生島淳さんです。

生島　生島でございます。先週の今ごろ、まだラグビーワールドカップ（W杯）をやっていたのです。だいぶ昔の話のように思えますが、期間中18試合取材をしまして、ツイッターの題材で仕事の計算をしたら、44日間で65本記事を書いていました。二度とこういうことはできない、本当に一生に一度の仕事だったなと思います。ラグビーW杯は６回目の観戦取材で、五輪も通算６回行っていますので、自腹で行っている時も結構ありました。そういった視点で今日はお話しさせていただければなと思います。よろしくお願いいたします。

松本　時事通信社解説委員長の小林伸年さんです。

小林　皆さん、こんにちは。時事通信解説委員長の小林と申します。私は通信社の記者として、国と地方の税財政、社会保障、人口減少問題などを取材してきました。目下、わが国最大の課題は、人生100年時代にあって、国民が豊かさを実感し続けることができる社会だと思っています。東京五輪・パラリンピック、それから大阪・関西万博。こうしたイベントは国民が豊かさを実感できる社会、これを後押しするような内容になるべきだと考えております。ですので、お祭り騒ぎにならないように関係機関をチェックすることが、メディアの役割の一つであろうと考えております。今日は、そういった視点から発言していきたいと思います。どうぞよろしくお願いいたします。

松本　以上のパネリストの方々とともに議論してまいりたいと思います。それでは、これからの進行について説明させていただきます。前半は、各パネリストの皆さま方に15分程度、それぞれのお立場から問題提起のプレゼンテーションをしていただきます。続いて本日のテーマ「五輪と万博、東京・大阪の未来予想図―メディアに課せられた視点―」について、パネリストの方々と掘り下げて議論していきたいと思います。会場の皆さま方から事前にいただきました質問も織り交ぜながら、討議してまいります。それでは早速、パネリストの方々にそれぞれのお立場からプレゼンテーションをお願いします。最初に、関西大学名誉教授の宮本勝浩さんに「東京オリンピック・パラリンピックと大阪・関西万博の経済効果と未来予想図」をテーマにお話しいただきます。

「五輪と万博、東京・大阪の未来予想図」

『東京オリンピック・パラリンピックと大阪・関西万博の経済効果と未来予想図』

主催　公益財団法人新聞通信調査会

関西大学・大阪府立大学名誉教授　宮本　勝浩

2019年11月8日

図1

1．経済効果とは

- 「経済効果」とは、イベント、事件、人の行動などによって、消費者、企業、自治体が直接的、間接的に消費または投資した金額の総額のことである。

- 「経済効果」は、直接的消費である「直接効果」と間接的消費の「一次波及効果」と「二次波及効果」の合計で、「産業連関分析」で計算される。

図2

五輪は開催前の経済効果が大きい

宮本勝浩氏

宮本　「東京オリンピック・パラリンピックと大阪・関西万博の経済効果と未来予想図」をテーマにお話をさせていただきます（**図1**）。経済効果といいますのは、いろいろなイベントや事件、人の行動などによって、当事者も含めた消費者、企業、自治体が直接的、間接的に消費する、または投資する金額の総額のことです（**図2**）。「経済効果が何億円あるよ」と言ったら、それだけもうけているのではなく動いているお金の総額で、実は利益はその何分の一なのです。

経済効果をどう計算するかと言いますと、直接的に消費する効果と投資の効果、これを「直接効果」といいます。これをまず計算します。その次に間接的な消費で、これを「1次波及効果」、原材料等が売れた場合の効果、そして「2次波及効果」、これは所得が増えたときにどれだけ消費に回るかという効果を分析するわけで、これらの三つの効果を「産業連関表」を使って計算機で計算します。

経済効果を計算するときに、ポイントとして押さえておいていただきたいことが三つあります（**図3**）。一つは、利害関係のある所が計算すると信用度が低いことです。ある役所が「ここに道路を造りましょう」というときに、その役所が経済効果を計算すると金額が大きくなります。造りたいからです。全く関係のないシンクタンクとか、大学とかにきちんと頼んで計算していただくことが大事です。もう一つは、計算した報告書を「全てオープンにしてください」ということです。オープンにしないで「何百億ですよ」と言われる場合もあるのですけど、それはフェアではありません。必ずきちんとした計算書を出して「こういう元データでこういうモデルを使って、こういう結果を出しました」ということが必要です。

三つ目は事象が終わってから、本当にそれだけの経済効果がありましたか、ということを検証することも必要でしょう。ただ、これはほとんどなされておりま

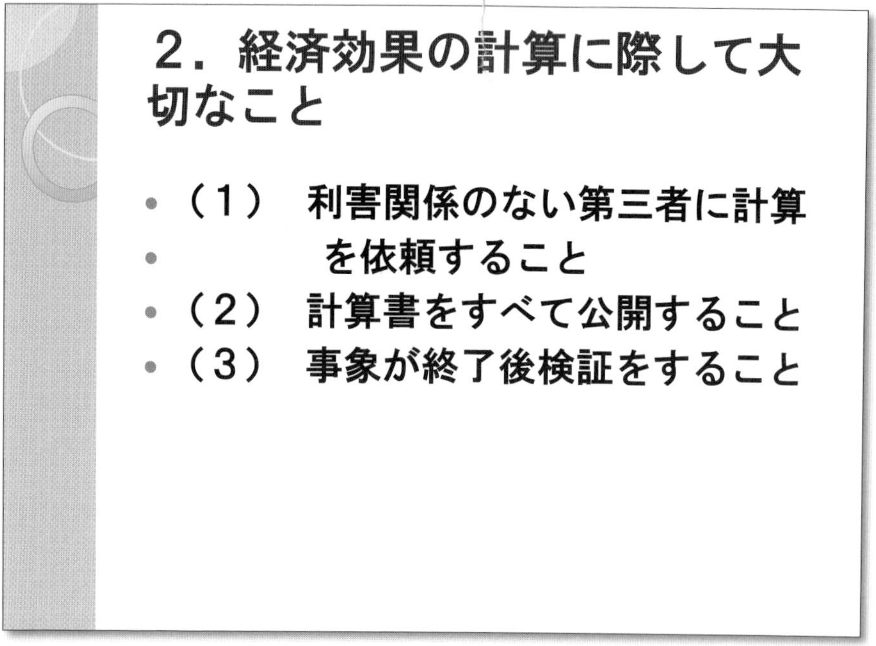
2．経済効果の計算に際して大切なこと
（1）　利害関係のない第三者に計算
を依頼すること
（2）　計算書をすべて公開すること
（3）　事象が終了後検証をすること

図3

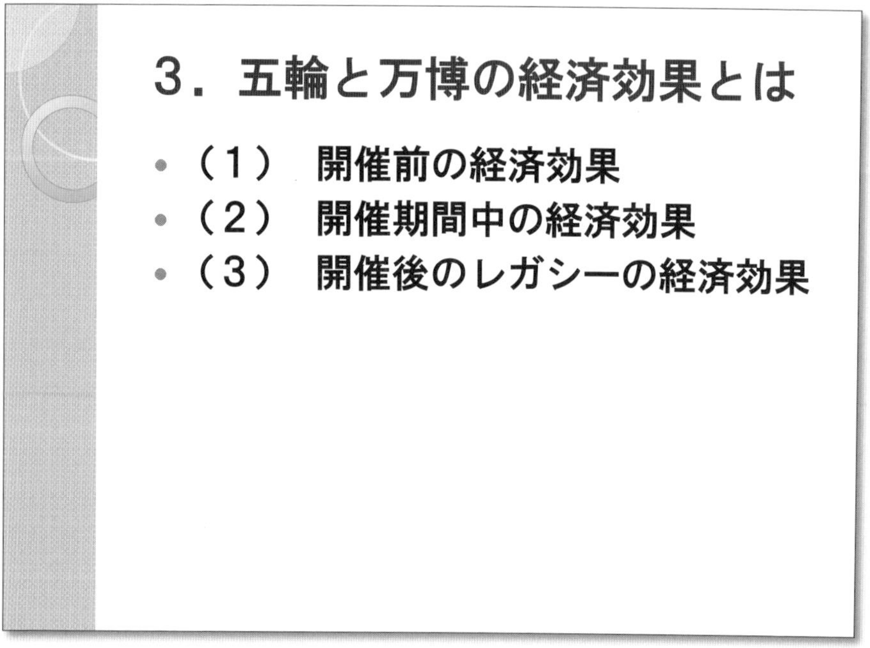
3．五輪と万博の経済効果とは
（1）　開催前の経済効果
（2）　開催期間中の経済効果
（3）　開催後のレガシーの経済効果

図4

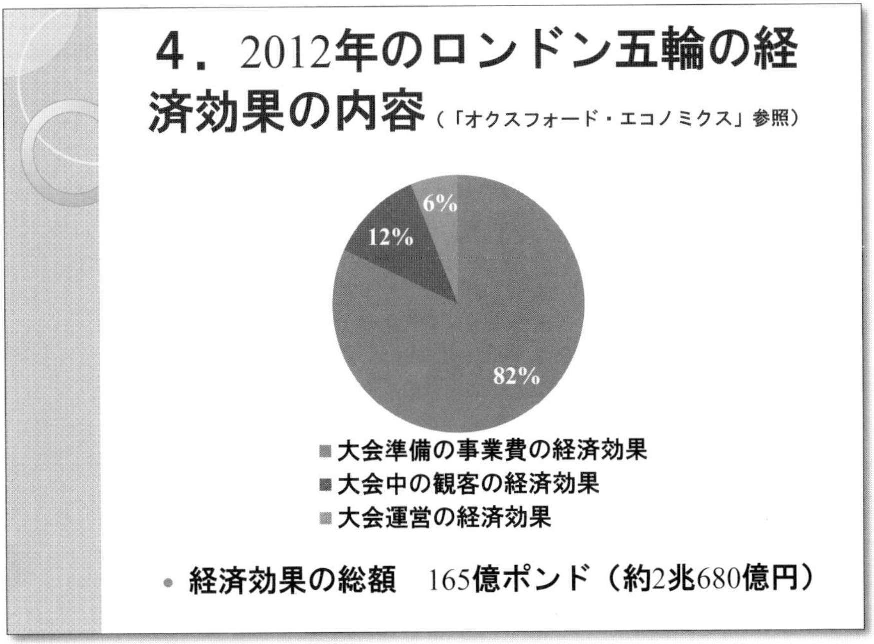

図5

せん。というのは、検証してもほとんどマスコミが取り上げてくれません。予測値だけでマスコミに載ってしまいますので、検証という仕事が行われないのです。この三つが経済効果では大事なのだ、ということを頭に入れておいていただければと思います。

続きまして、五輪と万博の経済効果にどういうものがあるかといいますと（**図4**）、まず五輪、万博の「開催前の経済効果」があります。今、東京で新国立競技場や道路を造っていますが、そういうものの経済効果です。開催期間中の経済効果、五輪でお客さんが来て、ホテルに泊まって、消費をして、お土産を買って、というのが２番目の「開催期間中の経済効果」です。そして、開催後には最近よく言われるレガシーとかいろいろなものが残ります。それをどのようにして生かしていくかというのが「開催後のレガシーの経済効果」です。経済効果には３段階あり事前、開催中、そして終わってからのものがあるということを頭の中に入れておいてください。

五輪の場合、開催中の経済効果よりも、開催前の経済効果の方がはるかに大きいという例を挙げます。**図５**は、2012年ロンドン五輪の経済効果です。これは

5．過去のオリンピック・パラリンピックの経済効果

年	開催地	経済効果推計値	出典
2008年	北京	約6,000億元 （約9兆円）	北京市経済社会発展研究センター
2012年	ロンドン	約165億ポンド （約2兆680億円）	オクスフォード・エコノミクス
2016年	リオデジャネイロ	約900億レアル （約4.2兆円）	ブラジルスポーツ省

図6

6．2020年東京オリンピック・パラリンピックの経済効果予想額

推定時	調査機関	推定額
2012年	東京都	約2兆9,609億円
2013年	みずほ総合研究所	約2兆5,000億円
2014年	森記念財団都市政策研究所	約19兆3,522億円
2019年	東京都五輪準備局	約32兆円

東京都は2013～2020年、東京都五輪準備局は2013～2030年の推計値

図7

「オクスフォード・エコノミクス」が計算した経済効果で、総額が約２兆680億円で、このうち実は82％が大会準備の事業費の効果です。大会期間中に観客が来て消費してくれたのは、たった12％しかありません。大会運営の経費が６％。この時はレガシー効果を計算せずにやっています。

しかし、見ていただいて分かりますように、大会が行われる前の経済効果が一番大きいのです。20年東京五輪もそうですけど、今、一番景気が盛り上がっているはずなのです。どの五輪を取っても開催前年の経済効果、成長率が高いのです。大会が始まった段階で経済効果が下がってしまうということがあります。五輪の場合、開催前の方が、はるかに経済効果が大きいということになります。

建造物だけでなく生活にも残るレガシー

次に過去の五輪・パラリンピックの経済効果というのを見ていただきます（**図６**）。2008年の北京は非常に大きくて、約９兆円です。12年のロンドンは２兆680億円。16年に行われましたリオデジャネイロの場合は４兆２千億円です。国によって経済効果の大きさが違うことがお分かりいただけると思います。それでは日本の20年東京五輪・パラリンピックの経済効果はどのくらいでしょうか。たくさんの自治体、シンクタンクが予想値を出しています（**図７**）。これを見ていただきますと、「えっ？」というふうに感じられる人があるかもしれません。

12年に東京都が約３兆円の経済効果がありますと発表しました。これは五輪が終わるまでの経済効果です。その後、みずほ総合研究所が約２兆５千億円と計算しました。ところが、次の年に森記念財団都市政策研究所が約19兆円という、非常に大きな数字を出しました。そして19年、東京都五輪準備局が出しましたのは約32兆で、12年に出した３兆円の10倍です。これだけ経済効果の計算が変わってくると、「経済効果なんていいかげんだな」と考える方がいらっしゃるかもしれませんが、実はどの範囲までを入れるかということが問題なのです。

19年の東京都五輪事務局がつくった32兆円というのは、五輪が終わってからのレガシーも計算に入れているわけです。12年の時は、五輪が終わるまでの経済効果です。例えば、東京都が首都高速道路を五輪に間に合わせるようにちゃんと修理、整備します。それも五輪に合わせるからということで、五輪の経済効果の中

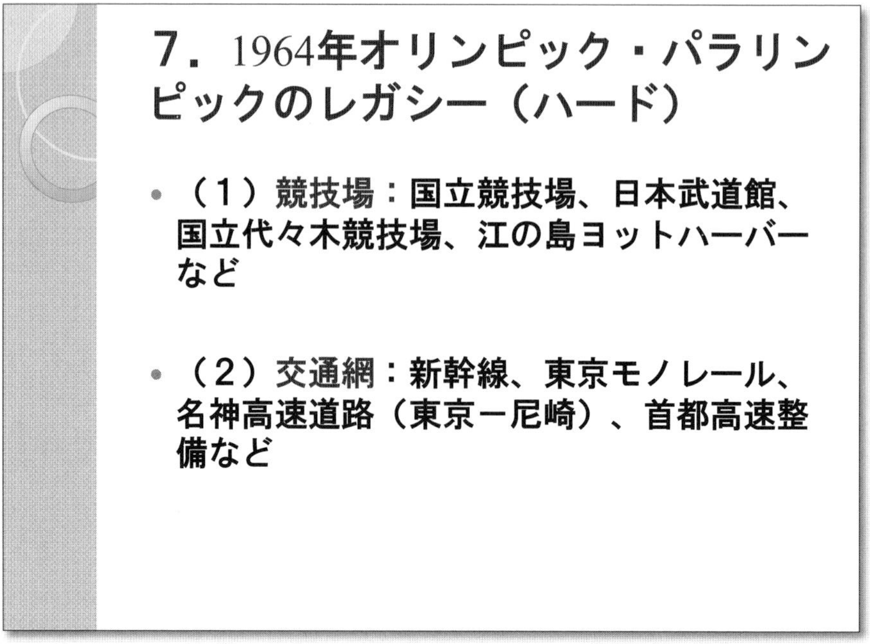
7．1964年オリンピック・パラリンピックのレガシー（ハード）
（1）競技場：国立競技場、日本武道館、国立代々木競技場、江の島ヨットハーバーなど
（2）交通網：新幹線、東京モノレール、名神高速道路（東京ー尼崎）、首都高速整備など

図8

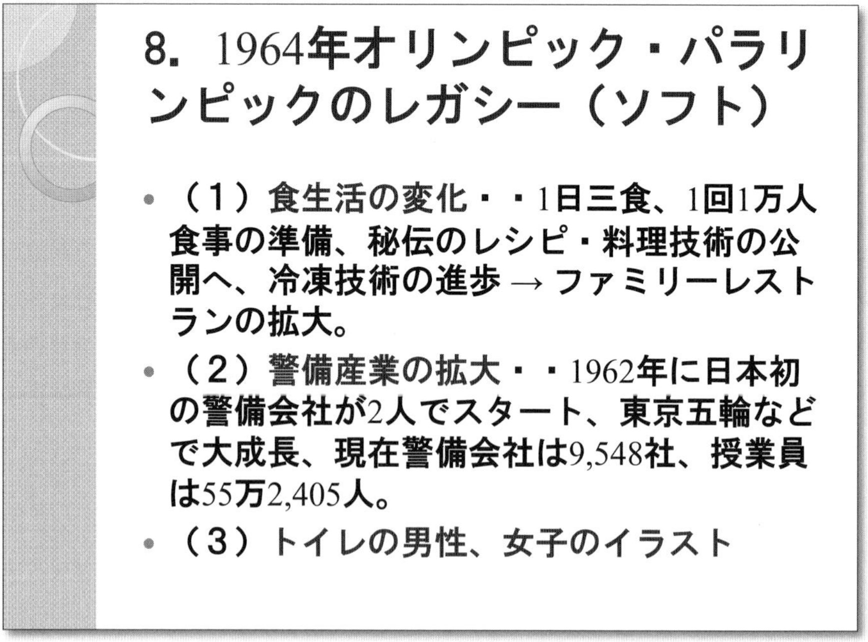
8．1964年オリンピック・パラリンピックのレガシー（ソフト）
（1）食生活の変化・・1日三食、1回1万人食事の準備、秘伝のレシピ・料理技術の公開へ、冷凍技術の進歩 → ファミリーレストランの拡大。
（2）警備産業の拡大・・1962年に日本初の警備会社が2人でスタート、東京五輪などで大成長、現在警備会社は9,548社、授業員は55万2,405人。
（3）トイレの男性、女子のイラスト

図9

に入れて計算しますと、非常に金額が増えます。人によっては、首都高速道路はもう耐用年数が来ているから、五輪があろうがなかろうが修理、整備しないといけないと考えると「五輪に関係ない」という人は、経済効果の計算に入れないのです。ですから、この視点によって金額がどんどんと変わってくるということです。

次に、非常に大事だと思うのですけど、先ほど二宮先生が話されていました五輪・パラリンピックのレガシーです。それが東京都にとっても、万博の大阪にとっても非常に大事になってくると思っています**（図８）**。例えば、ハード面では、1964年五輪の時は国立競技場や日本武道館、国立代々木競技場、江の島ヨットハーバーなど今でも使われているものが造られて、レガシーとして皆さんの役に立っています。よく言われますように、64年の五輪に合わせて造られた新幹線、東京モノレール、名神高速道路、首都高速道路などは、後世に非常に役に立っています。これがレガシーと言われるものですけど、実はレガシーでもあるソフト面も後世に大いに貢献します。

20年の五輪、25年の大阪・関西万博のレガシーとして非常に大事ではないかなと思っているのはソフト面です**（図９）**。1964年の東京五輪の後、食生活が変化しました。当時、外国の選手が来て１日３食、食べました。１回１万人の食事の準備をする時、どれだけの原材料、料理の技術が必要であったか考えてください。国によって、宗教によって、食べ物が全く違います。イスラム教の人は豚を食べない。菜食主義者の人は野菜しか食べない。それらを全部賄おうとする時、何が必要だったかというと冷凍技術です。冷凍技術が発展したからたくさんの物を置いておけるようになりました。オリンピックが終わった後に冷凍技術を一般の人たちが利用できるようになって、ファミリーレストランが広がっていったのです。

また、五輪を境に警備産業が拡大しました。62年に日本で初めての警備会社ができましたが、たった２人でした。その後、東京五輪、大阪万博の後に大成長しまして、現在、警備会社は9548社、従業員は55万人です。新しい産業が五輪、万博の後にどんどん発展していきました。それから皆さまがトイレに行かれるときに、男性トイレには水色で男性が立っている姿、女性トイレにはスカートをはいた赤い女性の姿があります。これは東京五輪の時に考えられたものなのです。こ

9．2025年大阪・関西万博の経済効果予想額

調査機関	推定額
大阪市・大阪府	約2兆3,000億円
経済産業省	約1兆9,000億円

図10

10．過去の世界の万博の経済効果

年	開催地	経済効果推計値	出典
2000年	ハノーバー(ドイツ)万博	約1,200億円の赤字	主催者発表
2005年	愛知万博	約1兆3,000億円	日本イベント産業協会
2010年	上海万博	約1兆5,150億円	上海財経大学
2020年	ドバイ万博	約3兆6,780億円	ドバイ万博事務局

図11

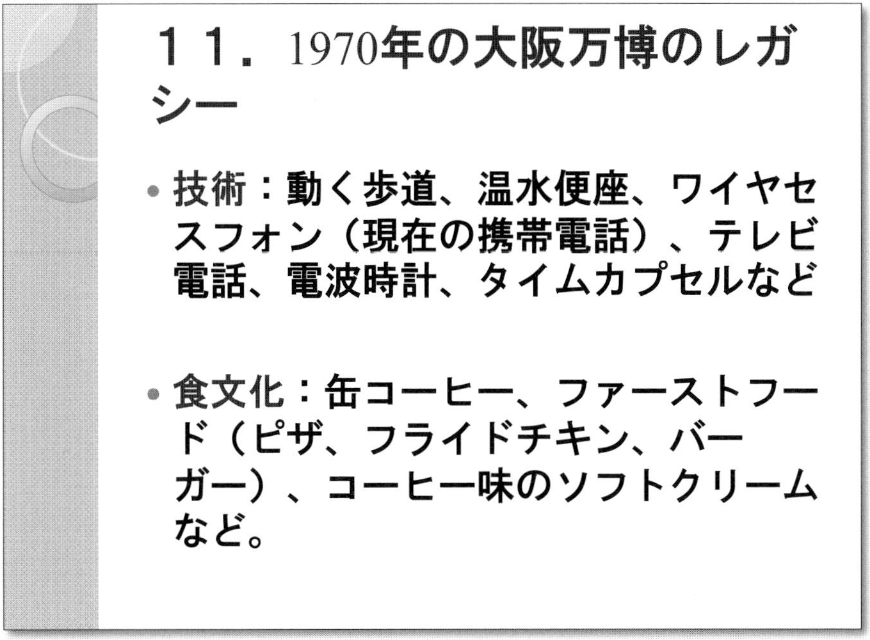

図12

れが世界中に広がっています。「トイレ」という単語を書かなくても分かるということです。

次に万博の話です（**図10**）。2025年大阪・関西万博の経済効果について、大阪市・大阪府の予想は約２兆３千億円、経済産業省が約１兆９千億円、いずれにしても２兆円の経済効果があると言われています。万博がみんな成功したかというと、必ずしもそうではありません（**図11**）。例えば00年ドイツ・ハノーバーの万博は約1200億円の赤字を出しています。しかし、愛知、上海、ドバイの万博は大きな経済効果をもたらしました。今回の大阪・関西万博も、かなり大きな経済効果をもたらすだろうと考えられています。

大阪万博が前に行われた1970年のレガシーを覚えておられる方あるかと思います（**図12**）。動く歩道や温水便座、ワイヤレスフォン、テレビ電話、電波時計、タイムカプセル。こういうものは現在も使われています。食文化もそうで、缶コーヒーとかファストフードが、大阪万博を境にどんどん世界、日本に広まっていきました。

東京、大阪の未来図（**図13**）を考えますと、外国の人が今以上に日本を訪れて

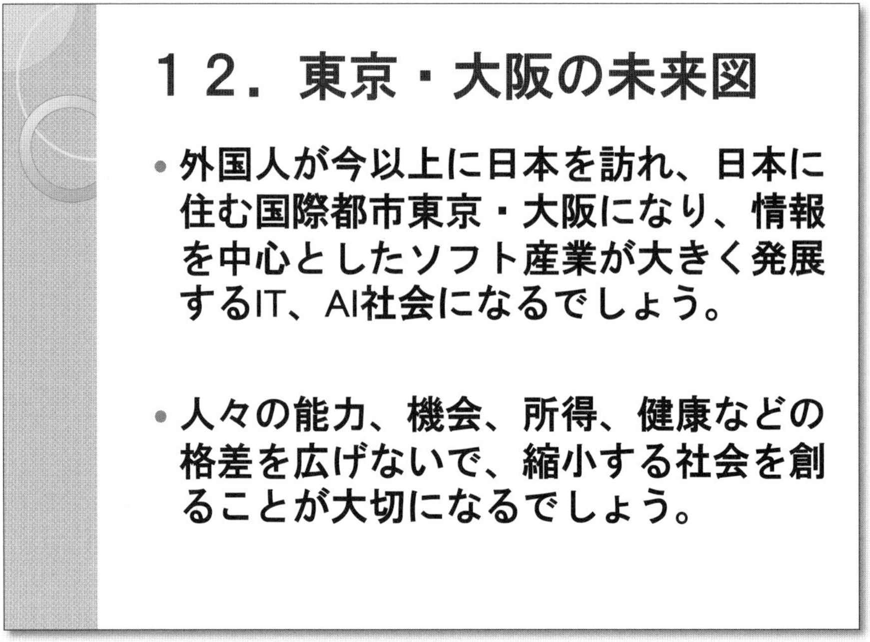

図13

日本に住むことになるでしょう。国際都市としての東京、大阪がますます発展し、情報を中心としたソフト産業が大きく発展することによって、日本はIT、AI（人工知能）社会になっていくだろうということが想像できます。さらに、人々の能力や機会、所得、健康などの「格差」を広げないようにして社会全体の発展につなげていくことが大事ではないかと思います。

松本　ありがとうございました。五輪は実は開催前の方が経済効果としては大きいというお話が印象に残りました。一つ質問させてください。日本にとって２回目の東京五輪、大阪万博となるわけですが、数十年前の前回の開催と比べて、今回の開催における経済効果はどう捉えればよいのでしょうか。

宮本　前回の東京五輪は1964年で、今回は56年ぶりになります。大阪万博は前回1970年で、今回2025年で55年ぶりということになります。基本的に何ごとにおいても、２回目は１回目と比べると鮮度が落ちると言われています。２回目はちょっとインパクトが小さい、とお考えの方がいらっしゃるかもしれませんが、55年以上開いているわけですから、ほとんどの人にとっては初めてということになろうかと思います。従いまして、非常にインパクトがあると思います。昔と比べますと経済規模も非常に拡大しておりますし、グローバル化、インターネットも発達しておりますので、私は五輪、大阪万博ともに非常に大きな経済効果がもたらされるであろう、レガシーをうまく生かすことによって、さらに将来の日本の発展につながっていくと考えております。

松本　ありがとうございました。続きまして、元女子バドミントン日本代表の小椋久美子さんにアスリートの観点からプレゼンテーションいただきます。よろしくお願いいたします。

4年間の努力を背負った五輪の場

小椋　私は三重県出身ですが、(大阪の) 四天王寺高校に進学して、就職も大阪の三洋電機——もうない会社です——で、11年ほど大阪に住んでいましたので「第二の故郷」だと思っています。

私が五輪を目指そうと思ったのは小さい時ではないのです。17歳の時にシドニー五輪を見ていまして、柔道の野村忠宏さんが金メダルを取り、二連覇した。自分自身も五輪を目指せるかもしれないと思っていたので、その試合を見て目標や夢というものを持ったのです。それが高校2年生です。

なぜ、小さい時に五輪を目標として夢として持っていなかったかというと、私たちの時代、五輪でバドミントンは放送していなかったのです。バドミントンの歴史も1992年バルセロナ五輪からなので、そんなに長いわけではないというのもあります。私が出場した2008年北京五輪から放映していただくようになったので、その4年前のアテネ五輪の時も先輩方の戦っている姿はメディアで拝見していなかった。今の子供たちはメディアを通してバドミントンで強い選手たち、リオデジャネイロ五輪でも金メダルを取った選手たちの姿を見ているので、「五輪で金メダルを取りたい」とジュニアの選手たちは言うのです。メディアの効果というのはすごく大きいと感じています。

私が五輪に出た時に思ったのは、どの大会とも空気感、雰囲気が全然違う (図

小椋久美子氏

14)。世界選手権で3位、アジア大会でも3位と、大きな舞台で戦った経験は何度もあったのですけど、この五輪という場所、よく「魔物がすんでいる」と言われるような場所ですが、なぜそういうふうに感じるのか。私自身もオリンピックまでの4年間、とにかく死ぬ気で駆け抜け、ラグビー選手がW杯のインタビューで「4年間犠牲にしてきたものがある」とよく言っていたのですけど、まさにそうです。4年間、この五輪の舞台にどうしても立ちたいという思いで、いろんなものに制限をかけて頑張ってきたものをまず背負ってしまうのです。

周りの国を見ても、当時中国は（金メダルを取ると）一生保証されると言われていましたし、韓国では徴兵が免除になると言われていた。そういった国を背負っている選手たちがこの舞台に立つ。緊張のあまり、段差がない所で試合中転んだり、簡単なプレーでもネットに当たっていないのにシャトルがコートに落ちたりする。みんなが緊張感を持って試合に臨むので、異様な空気感で今まで見たことがないようなプレーをする。その緊張感もすごく感じられて、それに自分がのみ込まれてしまったような場所でした。五輪は4年に一度というサイクルでタイミングが重要。けがもできない。あと運も大切です。

五輪は4年に一度のトップ選手だけの大会だと思われがちですけど、「平和の祭典」だなと感じたこともあります。五輪の会場に「オリンピックパーク」と言われる所があります。3年前のリオでは、あれだけ治安を心配されていた国だったのに、オリンピックパークの近くには世界中から応援に駆け付けた人が集まっていて、そこだけはすごく平和だった。異国との交流もありましたし、平和を生むような場所でもあると思いました。

世界選手権とかでは、バドミントンでは世界ランク上位の選手が出られます。五輪は男女とも86人が出場できますがシングルスは38人だけで、一つの国からは最大2人しか出られないので全世界の選手たちにチャンスがあり、ランキング100位以下の選手たちも出場しているのです。五輪は強い選手だけが目指す場所

図14

ではなく、いろいろな国の選手たちが集まって代表として誇りを持って立てる場所というところも、やはりほかにはない大会だと思えます。

五輪の選手村がどういう場所かと言いますと、試合が終わった後に必ず宿舎に今日の結果を書いた張り紙が出され、みんなが見るのです。結果を見て、次の日に試合がある選手たちは活躍している選手に勇気と力をもらい、自分たちも頑張ろうと思うのです。そういった空気が選手村にはあります。リオ五輪で金メダルを取った高橋礼華、松友美佐紀組も、最後に逆転勝ちした理由は、女子レスリングの伊調馨さんが逆転して金メダルを取ったのが頭に残っていて終盤に逆転勝ちができた、と言っていたのです。そうやって、みんなで力を合わせて頑張るというのが五輪という舞台です。

選手ファーストと会場環境

東京で開催されることによって、期待されている選手はプレッシャーを感じると思いますけど、ラグビーW杯であれだけの力を出せるのは、東京であること、

東京オリンピック　バドミントン会場
武蔵野の森総合スポーツプラザ　調布市

図15

世界選手権
リオデジャネイロオリンピック

図16

日本であること、自分たちを応援してくれる方々の中で試合ができる喜びが後押しになるのです。自分の経験から言いますと、日本の方の前で試合をすると、どうしても結果を残したいという気持ちになるのです。それが「絶対に諦めない」という強い気持ちに変わるので、プレッシャーというよりも、その力の方が強くなるのではないかと思います。東京五輪のバドミントン会場で２大会開催されましたが、桃田賢斗選手が２連覇しています。また、女子のダブルス、シングルスでも優勝と、本当に縁起のいい会場になっています（**図15**）。

マラソンの札幌開催で「選手ファースト」と言っていますけど、それが選手ファーストなのか疑問に残るところがあります。今までの五輪でも、さまざまなトラブルがありました。バドミントンというのはシャトルが５グラムしかないのです。だいたい100円玉くらいの重さで、非常に風に影響される競技です。私が出た北京五輪では、その風のため普通に打つだけで１メートルくらいずれました。バドミントンの会場というのは常に空調や観客の出入りなどで風があるので——特に東南アジアに多いのですが——その風の中でいかに調整していくか。アスリートは環境に合わせていくもので、会場に合わせる適応力が必要になってくると思います。今回のマラソンに関しては、暑さ対策も含めアップダウンがある中のコースでイメージをしてきたものが急に変わることの大変さというのは、すごくあると思います。

バドミントンで言いますと、リオ五輪は朝８時に試合開始でした。今までの大会では朝９時でした。放映の問題で８時から開始という状況になる。そうなると５時起きとかになるのですけど、それに合わせていかなくてはいけない。さらに、バドミントンの会場というのは真っ暗な会場の中でコートだけにスポットを当てて高揚感を持ってプレーをするのですが、リオ五輪の会場は——リオの方たちは朝が弱いのか分からないですけど——観客が全くいなかったのです（**図16**）。無観客の中で試合が行われました。倉庫みたいな所が体育館になっていて、コートを張っているような感じだったので、選手たちは「五輪感」が全くなかったとも言っていました。だから「全然、緊張感がなかったです」と言っていたのです。リオはそういう五輪で、周りを見ても施設が出来上がってなかった所もたくさんありました。ボランティアの方々も日を追うごとに減っていくのです。これで本当にセキュリティーは大丈夫なのかな、と思うくらい環境は良くなかった。

日本バドミントン協会　会員登録人数

	2008年	2013年	2018年
一般	51950	59685	67649
学生	8690	8425	7514
高校生	84312	92870	114736
中学生	63102	70924	85495
小学生	23837	21337	24741
合計	231891	253241	300135

図17

全国高等学校体育連盟の種目別の加盟人数

2018年 人気ランキング　男子 第4位　女子 第3位

種目	男女別	2003年	2018年	比率(%)	人口増減
バドミントン	男	30419	63581	209	33162
	女	54872	56350	103	1478
	合計	85291	119931	141	34640
陸上	男	59783	68733	115	8950
	女	33077	39650	119	6573
	合計	92860	108383	117	15523
バレー	男	48314	46223	96	-2091
	女	70189	58531	83	-11658
	合計	118503	104754	88	-13749

中学でもバドミントンは男子は140パーセント増加

図18

そういった中で選手たちは試合をしている。このリオ五輪で金メダルを取ったことによって、盛り上がりもすごく、レガシーもそうですけど残していかなければいけないと思うのです。

強い日本代表、高校選手は15年間で倍増

バドミントンの実情をちょっと見ていただきます（**図17、18**）。この10年間で競技人口が約７万人増えています。もっとさかのぼると15万人くらい増えています。これはやはり、強さが一つあると思います。高校生の人数も、この15年間で男子は２倍に増えている。少子化になっている中でバドミントンだけ断トツで上がっているのです。それは、メディアを通してバドミントンを見る方々が増えたからだと思っています。テレビ朝日に８年間放映権を獲得していただき、地上波で放映するようになりました。今まで（有料スポーツ専門チャンネル）「J SPORTS」で放送していたのですけれど、コアなファンだけではなく競技を知らなかった方にも浸透しているところが大きいと思います。

そして最後にバドミントンの日本代表の世界ランキングを見ていただきます（**図19、20**）。今、１位に３種目入っています。桃田選手。圧倒的な強さで今世界ランク１位を誇っています。奥原希望選手も世界ランキング１位に初めてなりました。女子ダブルスの永原和可那、松本麻佑組というのは世界選手権で２連覇したペアです。シングルスでは世界ランク16位以内に２人、ダブルスでは８位以内に２組入らないと、種目ごとに２人、２組が出られないのです。女子ダブルス４位の高橋、松友組は国内で３番手につけています。この状況では五輪に出場するのが少し難しい。それくらいバドミントンの強化も進んで、本当にレベルが高く、今は五輪に出場するのがどれほど難しいかという状況になっています。

男子シングルスの桃田選手はとにかく技術が高い選手で、粘り強いプレーをします。コートから離れた時期があったのですけど、それで人間力も成長し、攻撃的なプレーだけではなく、ディフェンスから攻撃に持っていくようなプレーに変わりました。女子ダブルスの１位と３位、４位の３ペアは、全く違うゲームをつくるペアです。１位のペアは身長が176センチくらいあり、高身長から繰り出す攻撃力です。３位の福島由紀、広田彩花組はオールラウンダーで、攻守にわたっ

バドミントン日本代表　世界ランキング

男子シングルス	1位 桃田賢斗	12位 西本拳太	14位 常山幹太	
女子シングルス	1位 奥原望	4位 山口茜	12位 高橋沙也加	19位 大堀彩
男子ダブルス	4位 園田、嘉村	6位 遠藤、渡辺	14位 保木、小林	22位 井上、金子
女子ダブルス	1位 永原、松本	3位 福島、廣田	4位 高橋、松友	12位 志田、松山
混合ダブルス	3位 渡辺、東野	21位 保木、永原	23位 金子、松友	

図19

図20

て穴のないペアです。４位でリオの金メダルを取った高橋・松友ペア。この２人は身長もそんなにないですし、パワーもすごくあるペアではないですけど頭脳派です。20年４月末に五輪出場権が決まるので、そこから五輪に出場して一番は盛り上がること、それは選手が結果を残すことだと思います。

今回のラグビーW杯で、あれだけ国民が応援をしたのは最後まで諦めない姿勢だったと思うのです。それが感動を生み一緒になって応援したいと思った。東京五輪・パラリンピックにつながる、すごくいいものを見せてもらえたので、この盛り上げをつなげていってほしいと思います。

松本　ありがとうございました。一つ質問させてください。ブームで注目されることの意味についてお伺いしたいのですが、ブームによって競技の発展に効果が期待されるのでしょうか。また、ブームで終わらせないためにはどうしたらいいでしょうか。

小椋　ブームで終わらせないためには、いろいろなことが大切になってくると思います。プロ化することも大切だと思いますし、「地域密着型」を取り入れることも大切になってくると思いますが、企業が支えているスポーツはすごく多いので、すぐには難しいと思います。バドミントンも企業スポーツとして支えていただいていましたが、奥原選手はスポンサーになってくださる方が付いて、一人でプロとして活躍している。難しいと思っていたことが少しずつ進んでいます。

カリスマ性がある人もブームを呼ぶきっかけにはなると思うのですが、一過性になる気がしていて、やはり競技力を上げるしかないと思います。強さこそが応援してくれる人を盛り上げる一つの理由だと思います。バドミントンが成功したのは、15年前に今の韓国人監督が来て環境整備をしたことです。大きな大会しか出ない。意識を変える。一番大事なのが、ジュニア育成をするようになったのです。ある意味、投資だと思うのです。ジュニアが強くなるかどうかは分からないです。だけど、ジュニア育成をしないことには絶対に強くなることはないと思います。桃田、奥原、山口茜の３選手は世界ジュニアで優勝しています。その選手が活躍をしているのにはそういった背景があります。バドミントンでも東京の先、パリ五輪に向けたジュニア育成が始まっています。前段階でしっかりとジュ

大丈夫なんでしょうか？　東京五輪

ここに来て、陸上競技の持久系種目が札幌に移転するという問題が持ち上がった。

それだけでなく、解決しなきゃいけないことはいっぱい。

図21

オリンピックの交通費はタダが常識

- 初めの観戦となったアトランタ大会から、シドニー、バンクーバーなどではチケットを持っていれば、交通費はタダ。
- 2017年ロンドン世界陸上では、大量の観客を輸送するため、改札を開放。
- どうする、東京？

図22

ニア育成ができるかどうかが、今後、鍵を握るのではないかと思います。

松本　ありがとうございました。続きまして、数々の現場の取材をされてきました、スポーツライターの生島淳さんにプレゼンテーションいただきます。東京五輪の知られざる情報や見どころなどについてもお話しいただく予定です。よろしくお願いいたします。

交通費とホスピタリティ

生島　オリンピックには夏季・冬季合わせて通算６回行っていますが、ちょっと心配なこともあります（**図21**）。陸上系の持久競技、マラソンが話題になっていますが、競歩も（札幌に）移動します。いろいろ見立てはありますが、さっき二宮さんがおっしゃった通り、民主的な手続きを踏んでいないのが大変、問題だと僕も思います。IOCとか大したことないですよ、本当に（笑）。上から目線の組織です。バッハ会長に開会式でブーイング運動した方がいいぐらいじゃないかなと本当に思う。五輪や世界陸上の取材経験で言いますと、ヨーロッパの人はマラソンとか競歩にあまり興味ないのです。結構、ぞんざいな扱いをしているので、移してもいいのではないかと考える。日本人がマラソン大好きだということを理解してくれていないのではないかと思います。2000年のシドニー五輪で高橋尚子が女子マラソンで優勝したところを見たのですが、翌朝、ちょっと品がない新聞で「マラソンクレイジージャパン」と書いてあった。「そうなのか」と思いました。やっぱりそう見えるのだと。「２時間半じっと見ていること自体がすごい」と言われますので、多分、マラソンに対する愛情がなかったというのも影響していると見ています。

個人的に東京五輪でものすごく気になっていることが交通です（**図22**）。五輪の交通費は「タダ」が常識です。観戦チケットを持っているとアトランタ、シドニー、バンクーバー五輪では鉄道が無料でした。僕が行った中でお金を取られた五輪は長野だけです（笑）。ラグビーW杯に行かれた方はご存じかもしれませんが、東京でもお金を取っていたので「これは五輪もお金を取るな」と思いました。東京の地下鉄で、豊洲（江東区）で有楽町線に乗ると、埼玉県の方まで行け

図23

長野オリンピックのレガシー

みなさんがいちばんお気づきでしょうが・・・

➡市民ランナーの間では、長野マラソンはホスピタリティ度、ナンバーワンとして知られています。オリンピックのボランティア組織が生きてる

➡オリンピックのレガシーとは、意外な形で残るものが多い

図24

る。無料にすると、どこまで適用するのかという問題になるので有料になるでしょう。ただし、ホスピタリティ的にどうなのか。

17年のロンドン世界陸上で大変感動したことがありました。6万人以上が入るスタジアムからの帰り、ロンドンの中心部に行く特急列車があるストラトフォード駅は改札を開放し、「皆さんお帰りいただいて結構です。お代は頂戴しません」と無料で帰してくれた。これはすごいと。海外の五輪とかを見ていると運用が柔軟です。(日本で)そういうことができるだろうかと思っていたところ、ラグビーW杯の試合後、掛川駅(静岡県)で何と改札が開放されたのです。最終の新幹線に海外の人たちがものすごく並んでいた。一人一人切符を売っていたら、最終の新幹線に乗りきれないことが分かったので、掛川駅は「切符は降車駅で清算してください」「改札を開放しますので、乗ってください」と言った。日本社会における画期的な出来事だと思いました。こういう柔軟な対応を東京五輪でもしてほしいけど、どうでしょう。ちょっと心配です。掛川駅の英断、こういうことをどんどん進めていってほしいと思っています。

生島淳氏

ラグビーW杯で考えた「休み方改革」

レガシーということに目を転じると、宮本先生、そして二宮さんからも話がありましたが、僕ももうハード面じゃないと思っています。長野五輪で「日本ではそり競技は盛んではないので、そりの競技場がお荷物になってしまった」というような話がありましたが、長野五輪のレガシーはボランティア組織です**(図23、24)**。市民ランナーの間で「長野マラソン」は大変人気のある大会です。一番人気があるのは「NAHA マラソン」か「おきなわマラソン」(沖縄県)。これは42.195キロがフードエイドで、「飲んでって、飲んでって」とスタート100メートルの時点から食べ物とか差し出してくれるホスピタリティの豊かな大会です。一方、長野五輪のボランティアは、大変オーガナイズドされていて人気がある。長

1964年の東京オリンピック では

実は、ホテルの朝食バイキングやユニットバス

図25

長野オリンピックから平昌オリンピック

この20年間の変化

☆旅の形態

☆チケット

図26

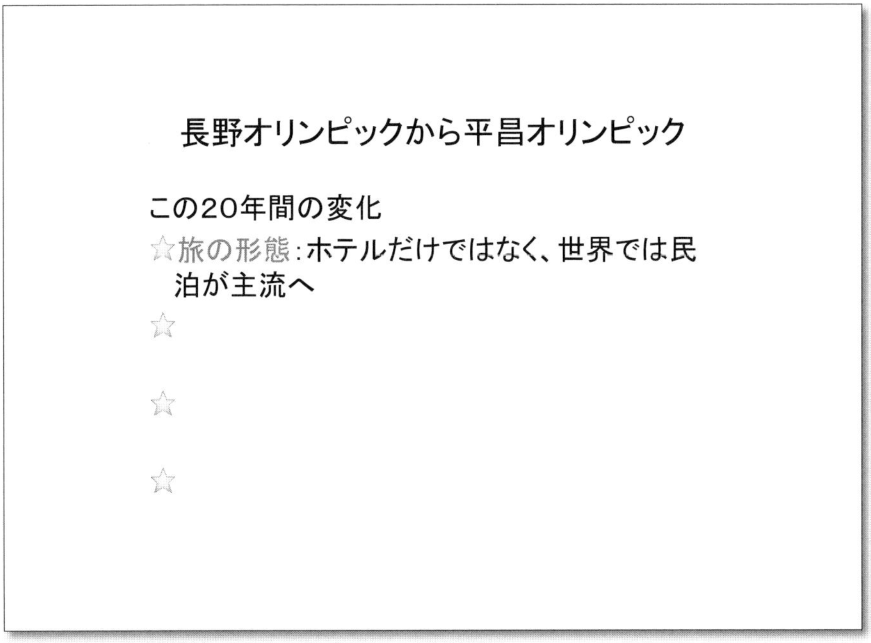

図27

野五輪の後継組織がマラソンのボランティア組織として残っていて、防災組織にも転換しています。そういう意味で、意外な形で残るというのが五輪のレガシーなのではないかと思っています。

1964年東京五輪でユニットバスの話がありましたが、宮本先生の話だと１日３食もそうだったのですね。あと、ホテルの朝食バイキングも東京五輪のレガシーと言われています（**図25**）。これは昨日、思い付いたのですが、2020年東京五輪のレガシーの予想をすると、二つあります。まずはリモートワークが増えます。自宅作業。東京の会社も何となく五輪期間中の２週間は休みにした方がいいのではないか、自宅作業にした方がいいのではないか、ということが言われ始めました。僕なんかの感覚からすると、会社に行かなくても結構、皆さん仕事ができるのではないかと思っています。「できるじゃん」ってみんな気付いて、リモートワークが促進されるのが21年以降の日本の姿ではないかと期待しています。

もう一つは、これはラグビーW杯との掛け合わせです。今、「働き方改革」とか言われていますが、それは古い。「休み方改革」こそが、日本には重要なのではないか。京都でイングランドサポーター、アイルランドサポーターと話してい

図28

ると、４週間、６週間休む人が結構います。しかも夫婦で来ている。どんな仕事をしているのか不思議でしたが、イングランド人に「何で６週間いるのですか」と聞くと「イングランドが決勝に行くので」とあっさり言う。自信あったのですね。負けたけど（笑）。恐らく、休める環境が本国にあるのでしょう。

今回のラグビーW杯が大変盛り上がって、次はフランス大会です。僕は07年のフランス大会で最高に楽しんだので、ラグビーの面白さに目覚めた方は、２週間休んでフランス大会に行ってほしいと思っています。あるいは４週間でも。「あいつ、ラグビーで２週間も休みやがって」というのが、今の日本でしょう。それが変わってほしいと思う。「お金ためて休んでラグビー行くんだ。いいね！」という雰囲気。そういう雰囲気になってくれないかと考えております。

外国人の受け入れを考える

海外にスポーツビッグイベントを見に行ってほしいと思いますが、旅の形態やチケットもずいぶん変わってきたので、ご紹介しましょう（**図26、27**）。旅の形態ですが、僕は海外に行く場合ホテルには泊まりません。全て（民泊仲介サイト大手）「Airbnb（エアビーアンドビー）」を利用するようになりました。なぜかというと便利なんです。毎日、ベッドメークのために部屋を空けなくていいし、洗濯も自分の所でできる。ロンドンは物価が高いけれど、自炊したらそんなこともない。ステーキもおいしいのが500円くらい、ワインも500円くらいで買える。恵まれていると思います。

韓国・平昌の民泊ですが、冷蔵庫に食材が全部詰まっていました（**図28**）。キムチが大きな容器に入っている。一番びっくりしたのは、卵を数えたら34個入っていて「これなんですか」と聞いたら「使っていいですよ」と言われた。これが彼らの「おもてなし」です。欧米のAirbnbは冷蔵庫を空で渡すのですが、韓国はこうだと。いろいろ行ってみないと分からない。海外に行く若者が減っていると言われていますが、東京五輪と大阪万博で世界の人を迎えるに当たって、日本人がもう一回外に目を向けて、自分から飛び出して経験を重ね、「自分たちは何ができるんだろう」と考えるのが大切だと思います。

松本　ありがとうございます。いろんな現場を取材されてきたからこそ、お話しいただけることがたくさんあると感じました。交通費は五輪に行く人は無料というのが常識とすると、日本は非常識ということになるわけですね。

生島　非常識ですね。多分、それに慣れているので（海外の人は）「取られるの？」と思うはずです。

松本　多くの方はそう思うわけですね。

生島　前提として、チケット代は交通費込みにしておきます、というのが各都市の組織委員会の考え方です。東京メトロと西武、東武などが複雑に入り組んでいる東京ですから大変でしょう。調整ができないと思います。ラグビーW杯では、僕も京都、大阪から近鉄のお金を払いましたし。そうなるだろうと思うと「ちょっとお金かかる五輪だった」ということになりかねないです。

松本　確かにそうですね。海外から来た方には、競技場に行く前に「お金がかかるの？」と思われます。

生島　これはメディアの導線に乗っていると分からないのです。観光客、観客の目線がやはり大事。そういった目線で、これから発信していこうと思います。

松本　ありがとうございました。続きましては、時事通信社解説委員長の小林さんに「わたしたちは何を残せるのか～人生100年時代に迎える五輪・パラリンピックと万博」をテーマに、プレゼンテーションしていただきます。よろしくお願いいたします。

五輪が起点—道路整備、女性進出

小林　交通費について生島さんのお話を補強させていただこうと思います。メルボルンで毎年１月に行われるテニスの全豪オープン。これはチケットを持っていれば街中と会場をつなぐ路面電車やバスを無料で利用できます。帰りもチケットの半券を持っていれば無料です。街を挙げてスポーツ大会を盛り上げるという取り組みをしている都市は少なくないということです。

では私のプレゼンを始めます。皆さんとお話が重複するところもあるので、少しはしょりつつ、最後は肥大化した五輪とカルロス・ゴーン氏の話に持っていきたいと思います。

レジュメをご覧ください（**図29**）。1964年の東京五輪のレガシーはインフラです。開幕10日前に新幹線が開業したり、首都高速道路が造られたりしました。その後もこの五輪を起点にして道路、鉄道など東京の交通網が整備された。その代表格は首都高速道路ですね。あれは地面を走っていません。ほとんどが高架です。都内の道路は主要先進国の他都市と比べて、道路面積自体は小さくても輸送量は多く絶望的な渋滞もない。鉄道は今も地下鉄が造り続けられており、東京23区内であれば誰でも徒歩圏に駅がある、という利便性を実現しました。こうしたことによって企業が集まり人も来た。それがために東京一極集中の問題が起きているとも言えなくもないですが。

わたしたちは何を残せるか
～人生100年時代に迎える五輪・パラリンピックと万博

時事通信社解説委員長　小林伸年

1964年東京五輪
・その後のインフラ整備の起点
・ママさんバレー

2020年東京五輪・パラリンピック
・働き方改革
・多様性と受容性
・ＮＹ、ロンドン、パリにあって東京にないもの

1970年大阪万博
・初めて見る外人さん

2025年の大阪万博
・SDGｓ目標年の5年前

図29

インフラ以外にも大きなレガシーが残りました。「ママさんバレー」です。今の感覚からすると、この呼称は女性のスポーツを見下すような響きがあるのであまり使いたくないのですが、これ自体が固有名詞なのであえて使わせていただきます。

東京五輪の時、紡績工場で働く女性工員たちが事実上プロのステートアマ選手で固めたソ連に勝って金メダルを獲得した。これに日本中が感動して、女性の間でバレーボールブームが起きました。これをきっかけに主婦がレクリエーションやレジャーのために堂々と家を空けられるようになった。それまでは夫に遠慮があって外出しづらかったのです。夫婦の間で「俺の飯どうするんだ」というような会話が交わされていたのだと思います。だから、このママさんバレーは、女性の社会進出を促した大きな契機になったと言えます。

それから働き方改革。生島さんが述べられたリモートワーク、テレワークとも言いますね。自宅で仕事をしたり、本来の職場ではなく最寄りのサテライトオフィスで働いたりすることを指します。データのやりとりで完結する仕事なら、わざわざ会社に行かなくてもいい。

小林伸年氏

テレワークは政府が推奨しており、ここ数年、20年五輪の開会式が行われる７月24日を「テレワーク・デイ」に設定し、都心の企業にテレワークを呼び掛けてきた。参加企業は毎年増えていき、特に2019年は五輪・パラリンピック期間を想定して、約１カ月の間に５日間テレワークをやってくださいという運動をした。そうしたところ３千近い企業や団体が参加し、68万人がテレワークを利用した。やってみたら快適だし、工夫次第で仕事に支障もないことに気付いたと思います。今ではすっかり定着しているクールビズは小池百合子都知事が環境相時代に打ち出したものです。テレワークも定着すると思います。

課題解決を志向する大阪・関西万博を

多様性については、既にラグビーW杯で実証済みだと思います。日本代表は出身国が７カ国に及ぶ選手で構成されていました。初めは「日本国籍じゃないのに日本代表なの」といぶかしむ見方もあったと思いますが、見ているうちに選手一人一人にドラマがあることが分かって、いつの間にか普通に私たちの代表として応援するようになっていた。入国管理法改正によってこれから外国人労働者が増える見通しの中、このことは覚えておきたい。そしてこの流れは五輪にもつなげ、さらに深めたいところです。そして、選手一人一人にドラマがあるということを、（新聞の）読者あるいはテレビの視聴者の方はメディアを通じて知ったわけです。ということは、それだけメディアの果たす役割は大きかったし、これからもそうあるべきだと思います。

それとバリアフリー。今、都内で工事をしていない駅はないのではないかというくらいオリパラに向けて工事だらけです。東京は輸送量、移動の利便性においては主要先進国の中でトップクラスですけど、まだまだバリアフリー化が遅れている。東京五輪を契機に車いすの方やベビーカーを押して歩いている方がストレスを感じない――気付いたらここはバリアフリーだった――というような状況に持っていけたら、それもまたレガシーになると思います。

1970年の大阪万博について。レジュメには「初めて見る外人さん」と書きました。当時は１ドル＝360円です。海外渡航自由化は64年にされましたが、外貨購入制限もあって、普通の人は海外旅行なんかできなかった。そういう時代に大阪万博で初めて外国人を見た、という日本人は多かったと思います。私も小学生の時に大阪万博を見に行き、テレビでは見たことがありましたが、本当に髪の毛が金色の人や肌が黒い人がいるのだと実感しました。多くの日本人にとって世界に目を向けるきっかけになったのが、70年の大阪万博だったと思います。

2025年の大阪万博にどういう意味があるのか。過去の万博は国威発揚の面があった。わが国にはこんなにすごいものがある、というのを各国が競い合っていた。ところが、1990年代半ばから、万博のコンセプトが「世界の課題にどう向き合うのか」を探る方向に変わっていきました。大阪万博もその流れの延長線上にあるわけです。「持続可能な開発目標（SDGs）」の目標年が2030年で、その５年前に行われる大阪万博が一つのポイントです。今19年ですが、今から６年間の世界におけるSDGsの進み具合を中間まとめし、「残り５年で何ができるか」を話し合う国際会議を万博と合わせて大阪市内で開くことができれば、歴史的な万博になるはずです。

肥大化した五輪の見直し

ここで肥大化した五輪について考えたい。それは札幌にマラソンと競歩の会場が移転したことに関連しています。後の世代のためにも五輪・パラリンピックの在り方を見直す一つの契機にすべきだと考えます。1964年の東京五輪は10月10日開幕です。10月にやったからといって大型台風が来ないとは限りませんが、それにしても2020年五輪がなぜ７月、８月の猛暑の時期の開催かといえば、さかのぼって1984年のロサンゼルス五輪が商業的に大成功したことが分岐点になっている。五輪はその後、商業的成功を追い求めるように規模を拡大していった。その結果、スポンサー企業と巨額の放送権料を支払うアメリカのテレビ局の意向によって開催時期、競技日程が制約を受けることになった。

五輪・パラリンピックは巨額の資金を要するので、このままでは開催できる都市は限られてしまう。今回の札幌へのマラソン・競歩の移転を機に、五輪の規模がこのままでいいのか、もうちょっと縮小できないか。縮小しないまでも、都市開催から「国開催」に変えて、その国の各地で競技をできるようにする、あるいは今は２週間ですが、これを通年開催にして各種目にふさわしい季節に競技を行えるようにするとか、そうした検討をするきっかけにすべきだと思います。

オリパラが肥大化することによって、起きなくてもいい事件が起きています。日本オリンピック委員会（JOC）前会長の竹田恒和さんに招致活動をめぐる贈賄疑惑が浮上し、フランスの司法当局の捜査対象になりました。東京は2016年大会にも手を挙げたが落選しました。その反省を生かして、IOC委員への働き掛けを強化した。要するに根回しです。根回しにはお金がかかります。あからさまに袖の下を使うようなことはしていないと思いますが、そうした中で起きたのが今回の事件です。

日本の検察が前日産自動車会長のカルロス・ゴーン氏を逮捕した意趣返しだという説もあります。竹田さんへの捜査はフランスが行っていますので捜査の行方は分かりません。ただ、日本側としても五輪・パラリンピック招致の過程で、不明朗な金の使い方はなかったか検証していくことは将来のためにも意義がありますし、それもメディアの役割の一つだと考えます。

松本　ありがとうございました。小林さんに一つ質問させていただきます。プレゼンテーションの中では触れていらっしゃらなかったのですが、日本政府は今回の五輪を「復興五輪」と位置付けていますが、復興にどう役立つと思いますか。

小林　スポーツが震災復興の力になることはラグビーW杯で示されました。東日本大震災の被災地である岩手県釜石市が、ワールドラグビーからキャラクター賞を受賞しました。釜石市の会場でウルグアイ―フィジー戦が行われて大盛況だった。2015年に釜石市が試合会場になることが決まって以来、４年間、市民・県民がこの日のために取り組んできた努力が評価されたのだと思います。復興自体はまだまだ途上ですけど、これまでの支援への感謝と、震災から立ち上がる姿を世界に発信できたことで地元の人たちは大きな手応えを得たと聞いています。また、震災復興の進ちょく状況については、復興庁が世界に向けて発信していますが、いかんせん発信力は弱い。その点、五輪・パラリンピックの発信力は絶大です。東京電力福島第１原発事故の後、世界の50を超える国・地域が日本からの輸入制限をしました。これまでに32カ国がその規制を撤廃しているのですが、まだ22カ国で何らかの規制が残っています。そうした中で行われる五輪です。これを機に日本の現状を見てもらって、全ての国・地域で日本からの輸入規制を撤廃させる方向に持っていくべきでしょう。政府にはさらに汗をかいてもらいたいと思います。

ワールドラグビーの年間表彰式で「キャラクター賞」を受賞した岩手県釜石市を代表し、記者会見する県立釜石高３年の洞口留伊さん＝2019年11月３日、東京都内

2. 質疑応答

松本　ありがとうございました。それでは、ここからは会場の皆さま方から事前にいただいた質問も交えて、パネルディスカッション「五輪と万博、東京・大阪の未来予想図―メディアに課せられた視点―」について討議したいと思います。その前に、生島さんにお伺いしたいことがあります。これまでの五輪で日本は多くのメダルを獲得しました。講演くださった二宮様から「メダル、メダルと言ってはいけない。選手に余分なプレッシャーを与えてはいけない」と戒めの言葉をいただいてはおりますが、今回の東京五輪において、生島さんが金メダルに近いと予想している選手はいらっしゃいますか。

生島　実は、メダルの数にはあまり興味ないのです（笑）。リオデジャネイロ五輪は金12、銀８、銅21の41個。多分、これよりも増える。なぜかというと、新しい競技、種目が増えていますから、普通ならばメダル数は増えます。「お上」からはメダルと言われて、選手は頑張っていますけど入賞でも大変な成功です。一個一個、競技ごとに吟味していく必要があって、そこはメディアの役割ではないかと思うのです。ざっくりと、トータルで50個だろうと思います。

1990年代は（メダル獲得数が）さびしいじゃないですか。これは多分、海外のドーピングです。旧ソ連、東ドイツが崩壊してドーピングの技術が世界に広まった時です。ドーピング検査の精度がそれほど高くない時期で、日本は真面目にやっていましたから、相対的にかなり苦戦を強いられていたのですが、2000年代、アテネから変わりました。その流れがずっと続いてきて、東京五輪ではメダルの色とかは分かりませんけど50個はいってほしい。金メダルを最も獲得した大会は1964年東京、2004年アテネの16個でしたので、20個くらいいけば本当に盛り上がる五輪になるでしょうが、金メダリストがいっぱい誕生すると結構、大変です。

松本　確かに取材は大変になりますが、日本選手の活躍を期待いたしましょう。それではディスカッションに移ります。最初に会場の方から頂いた質問です。80代、70代、60代の男性の方から類似の質問で、宮本さんにお答えいただきたいと思います。日本は今日の時点で五輪を開催することに何のメリットがあるのでしょうか？　宮本さん、プレゼンテーションでもお話になりましたが、改めていかがでしょうか。

五輪、万博で外国人に日本を理解してもらう

宮本　今のこの時代に、非常に費用がかかり、前に日本であった五輪をまたやる必要があるのか、というようなことを考えておられる方もいらっしゃると思います。でも、スポーツというのは国境を超えて、世界の人々を結び付ける力がありますし、五輪は世界の平和に非常に貢献すると考えています。先ほど申し上げましたように、五輪の時だけ盛り上がるのではなく、その後の時代につながるレガシーが大切です。冷凍技術であったり、警備保障の会社であったり、トイレの記号です。あの絵がなかった時は、全部トイレットとか、漢字、ハングル、アラビア語、いろんな言葉で書かなければいけなかったのです。男性の青い絵と女性のイラストがあれば、あそこはトイレだと分かります。そういうものが広がっていくのです。私は20年東京五輪のレガシーがずっと長く、日本だけではなく世界に広がり、人々の生活の向上に貢献すると考えております。

もう一つ、世界の人が日本に来てくれるというのは非常にいいことだと思います。私が勤めております関西大学では、中国人の留学生が数百人います。そのうちの男子学生が卒論に何を書こうかと思った時、日本に来た中国人留学生の意見をまとめて卒論にしようと思いました。男子60人、女子60人に「あなたはどこから来ましたか？　北京ですか？　福建省ですか？　吉林省ですか？　上海ですか？　何を勉強しましたか？」と書いて、最後に「関西大学を来年の春に卒業しますが、卒業したらどうしますか？　国へ帰りますか？　日本に残りますか？」という質問をしたところ、男子60人のうち20人は「中国に帰ります」と答えました。「なぜですか？」と聞いたら「自分は一人っ子であるので、男性で親の面倒を見ないといけない。不本意ではあるけれども中国に帰ります」と答え、残りの40人は「日本に残って仕事をして生活したい」と回答しました。女子の60人に同じ質問をしたところ、全員が「日本に残りたい」と答えました。「自分たちが中国にいた時に聞いていた日本と全然違う。日本の人たちは非常に親切で、非常に住みやすい。日本で当分、生活したい」と書きました。これは日本に来て初めて分かるのです。中国にいる時は反日教育を受けているのですが、日本へ来たらそうじゃない。日本の人たちは非常に親切で、住みやすい所だと感じたそうです。これは日本に来てもらわないと分からないのです。五輪であっても、万博であってもそういうものだと思います。ぜひ、こういう機会を捉えて外国の人に来ていただき、日本の良さをアピールすることが非常に大事だろうと思います。

松本　ありがとうございます。続きまして、小椋さんにお聞きします。五輪はスポーツの普及にどういう効果・役割があると思いますか。

五輪は競技を目指す子供の道しるべ

小椋　小さい子供に対してだったら、目指す場所を提示することと思っています。もともと私自身は小さい時に五輪を見たことがなく、目指したいと思っている場所をイメージできなかったというのが一つあります。強い選手や憧れの選手を持ったことによって、その場所に立ちたいと思うことができたのが高校生くらいだったので、小さい子供の道しるべとなることが必要だと思います。五輪は世界から集まった人たちとの対戦になるので、体格差や身体能力的な差は出ますが、それでも向かっていく。ラグビーもそうですけど、何か努力をすれば可能性があると思える瞬間が応援してくださる方にもあると思います。そういった可能性を感じさせてくれる力が五輪にはあると思います。

バドミントンを通じて子供たちに教える活動をしていて思うのは、子供に夢があると、保護者の方が前向きに、積極的に支えようとして時間やお金を使っているという印象です。子供の夢で周りの人たちが動く。子供に夢を与えるという意味で、すごく五輪には力があると思います。

松本　もう一つ、小椋さんに会場の50代男性からの質問ですが、「世界で戦ってきた経験を生かして、どのように東京五輪を盛り上げていったらよいか？」。いかがでしょうか。

小椋　私自身は、大会に行けば体育館とホテル、空港の往復だけで、その国の文化や住んでいる方々と話すことはあまりないのです。海外に慣れている方でもなく、英語も話せない。アスリートは基本的に孤独を感じている人がたくさんいると思うのです。異国に行った時にうれしかったのは、日本語で話をしてくれたり、英語でも何か話し掛けたりしてくれる。自分という存在に話し掛けてくれることがすごくうれしかったと思えます。

スコットランドに行った時、これは接したというわけではないですが、表彰式で――スコットランドの正装はタータンチェックのスカートです――男性がスカートを履く姿を見たことがなかった。それが正装だということも知らず、衝撃的過ぎて自分が初めて文化として触れ合えたということがうれしかった。今でもスコットランドが大好きで、引退した後に自ら行った所の一つです。そういった文化を知らないことがアスリートにはたくさんあります。文化を知ることも、選手にとっては言葉や接し方ではない「おもてなし」になるのかなと思います。

競技レベルで考えると、試合前に合宿や調整できる場所があるのは本当にありがたいことです。ホストタウンとして交流をしてくださっている町がたくさんあり、選手に移動手段や食事、練習ができる場所とか本当に素晴らしい環境を与えてくれる。アスリート側も学校に行くなど、いろいろな地域で自分たちの競技に触れ合ってもらえる。ホストタウンになってくださる所は、違う国なのに家族のように自分たちを応援してくれる。そういった環境ができている。そういった面も選手にとってはすごく心強いし、おもてなしになるのではと思います。

アフリカ各国に東京五輪・パラリンピックのホストタウン活動を紹介するシンポジウム＝2019年８月29日、横浜市（共同）

松本　ありがとうございました。生島さんにお聞きします。先ほど小林さんも肥大化していく五輪について、東京五輪を契機にメディアとしても議題として考えていきたいとおっしゃっていましたが、この肥大化する五輪についてどうお考えでしょうか。肥大化していくと開催を辞退する都市も今後出てくるのではないかと思うのですが。

生島　立候補を市民投票で辞退したり、世論調査の結果を受けて諦めたりする都市もたくさんあります。ミュンヘンとかノルウェーのオスロもそうです。先ほど小林さんがおっしゃった通り、単一の都市では難しい状況になっていると思いますし、IOC も立候補する所が少なくなって困っているので、2024年パリ、28年ロサンゼルスを同時に決定した。五輪憲章を変えていく必要があるのではないかと思うので、基本的には国による開催になるのではないかと予想しています。

万博でAI、ITが生活に浸透

松本　ありがとうございました。続いて、万博について話題を振りたいと思います。宮本さんと小林さんに伺います。50代の男性からの質問です。万博前後の関西の観光事業はどうなるのか。そして80代の男性からは、大阪都構想やカジノを含むIR 誘致はデメリットばかりで気掛かりである、といったご意見が寄せられています。この質問と意見についてどのようにお考えでしょうか。宮本先生から

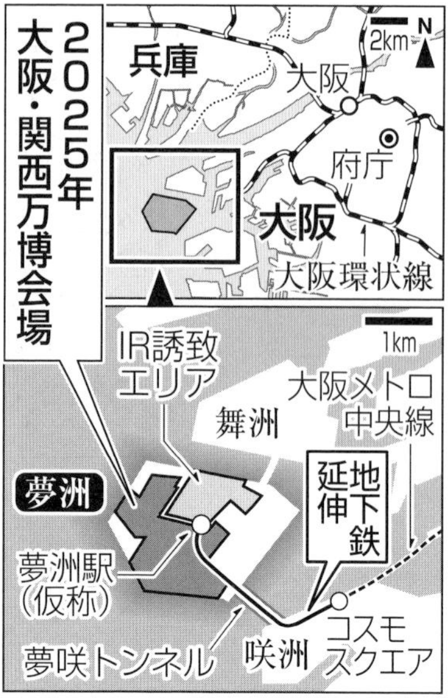

お願いします。

宮本　関西の万博についてお話しさせていただきます。東京五輪の場合、事前の公共事業とかに経済効果が大きいのです。ところが万博は、（会場を）夢洲に造る予定になっておりますけれども、実は半永久的に使う施設ではないのです。建築会社の人に聞きますと「宮本先生、あれはプレハブですよ」と言われました。建築に関しては、五輪に比べて経済効果が格段に小さいのです。五輪と違うのは開催期間が6カ月あるわけです。この長い期間、外国人が日本へ来る。それは非常に大きな経済効果をもたらします。そして万博のレガシーです。そういうものがずっと残っていき、日本や大阪だけではなく、日本全体の経済発展につながっていくでしょう。

後で時間があったら申し上げますけど、今度の大阪万博のレガシーは物ではなくソフト面だと思います。AIとかITとか、いわゆる「第5世代移動通信システム（5G）」が大阪・関西万博で提示されて、自動運転やロボット、医療、生活、介護、そういうものに非常に役に立っていくでしょう。万博はその時の経済効果も大きいですけれども、その後のレガシーとして非常に大きいものになっていくだろうと考えております。

大阪都構想については小林さんにお願いしたいと思いますけど、いわゆるIR、カジノについては、私はもともとばくちと言いますか、賭け事は大嫌いでして、競馬や競輪、パチンコもしたことがありません。しかし、現在は大阪市・大阪府の市民・府民の方々が選んだ議員の人たちがIRを導入しようと動いておられます。それは経済効果が大きいからです。IR誘致が決まったとしたら、日本人に関しては1回6千円入場料を取ります。1週間に3回までという制約を付けて、いわゆるギャンブル依存症とかマネーロンダリングをできるだけ出さないようにしようと考えておられますけれども、さらにいろいろな形の問題を解決する方法が考えられていくのではないかと思っております。

松本　ありがとうございます。続いて小林さん、お願いします。

小林　都構想について、大阪維新の会をはじめとする関係者は万博が行われる25年の年明けに「都」に移行したい考えのようです。５月に始まる万博の弾みにしたいということでしょう。大阪都構想自体は壮大な社会実験と言える。日本の統治機構は明治時代から、実はあまり変わっていないのです。基礎自治体である市町村合併はよく行われていますが、もし大阪都が実現すれば、戦時中に東京府の東京市が解体されて東京都になって以来の大改革になります。当時は二重行政を解消して戦費を捻出することが目的でした。大阪都構想の場合、二重行政の解消によって捻出したお金を何に使うのかが問題となるわけですが、大阪復権に向けた経済活性化に使うという考え方は成り立つと思います。

ただ、市町村合併と違うのは、「大阪都」になったら二度と大阪市に戻れないことです。市町村合併は単にくっつくだけなので、一定の手続きを経ればまた分かれることもできますが、都構想の場合、大阪市は解体されてなくなってしまう。ですので、大阪市民にとって重大な決断になる。必ず住民投票が行われますので、そのときにどういう決断をするか、ひとえに大阪市民に懸かっているということになります。

万博を一極集中是正の契機に

松本　再び宮本さんと小林さんにお聞きします。現在、東京一極集中が非常に進んでいる状況ですが、大阪の都市としての役割についてはどうお考えでしょうか。

宮本　東京一極集中が進展しておりますけど、最近は日本全体で大きな災害が起きておりますので、国の行政や企業の機能をできるだけ分散させておくというのが大事で、大阪とか名古屋、仙台にも国の機能や企業の本社を置くことが大切だと思います。ところが現在、大阪からもどんどん人が流れていっております。

大阪府内に千早赤阪村という唯一の村があります。2019年10月１日現在、人口4921人、もう５千人を切っています。そこの村長さんと知り合いで、よくお会いするのです。その方の話では16年に村から大学４年生が25人出ました。この人たちが村に住んでくれて、大阪に勤めて村を活性化させていってくれるだろうと思ったそうです。ところが何と25人中19人が東京に就職して村を出て行きました。近くの大阪にも就職しない。つまり、大阪からどんどん人が出て行っているのです。これは非常に残念なことです。大阪に残って仕事をして生活をする。これは名古屋、仙台においても同じで、その地域の活性化につながるようにしていくことが大切です。東京一極集中はどこかでストップしなければいけないと思っております。

松本　小林さん、いかがでしょうか。

小林　東京圏、これは千葉、埼玉、東京、神奈川の一都三県を指すのですが、ここに最も多く人を送り出しているのは実は大阪です。特に若い人を多く送り出している。大阪には入って来る人も多いのですが、それは大阪周辺の自治体から「地元に魅力的な仕事があまりない」と半ば仕方なく来ているわけで、決して夢のある話ではない。もっと全国の若者がこぞって大阪にやって来るような環境をつくらないと、東京への一極集中に歯止めがかからないと思います。

大阪の最大の課題は、企業が本社機能を東京に移してしまうことです。この流れが止まらない。なぜかというと、許認可を得ることが必要な事業であれば、その許認可権を持っているのが多くの場合は国の役所だからです。これだけネット社会になってほとんどの情報を居ながらにして得られる時代になっても、機微に触れた情報は日常的に接してないと得られない。東京に本社機能を置かないとライバル企業に水をあけられてしまうので、主だった企業は東京に進出せざるを得ないのです。

逆に考えれば、政策を決定する国の部局、全部じゃなくていい。一部を大阪に誘致するとか、そうした取り組みがされてもいいと思います。総務省統計局の和歌山への一部移転、消費者庁の徳島への一部移転、文化庁の京都への全面移転が決まっています。大阪にも例えば総務省の通信部門を持ってくることができれば通信事業者は競い合うように大阪に本社機能を置くと思います。万博に関して言うと、グローバル企業に大阪あるいは関西の魅力を伝えて、立地を促すような取り組みを進めていくべきではないかと思います。IT を駆使した効率的な都市づくり。つまりソサエティー5.0を全国に先駆けて実現し、日本で商売をするなら大阪である、と思わせることが万博後の大阪の発展につながっていくはずです。

松本　ありがとうございます。先日、台風19号が東京、千葉など広範囲にわたって急襲し、被害が予想以上に甚大になりました。先ほど宮本先生がおっしゃった通り、東京一極集中は非常にリスクが高いということを実感したわけです。都心の被災リスクを考えると、大阪にグローバル企業を誘致することはグッドアイデアですので、ぜひ進めていただきたいと思います。

では、ここからは、東京五輪・パラリンピックと大阪・関西万博、また東京、大阪をメディアはどう報じていくべきかについてパネリストの皆さま方にお伺いします。また、これまでの報道で欠けていると思われるような視点はないでしょうか。宮本さんからお伺いできますか。

3. メディアに課せられた視点

地球規模の視点から報道を

宮本　メディアは五輪、万博だとメインの部分を報道することは多くなると思うのですが、そのイベントを支えているボランティア――先ほど二宮先生は「ゲームメーカー」とおっしゃっていましたけど――そういう人たちのこともできるだけ伝えていただきたいと思います。また、イベントがあった時だけではなく、その後のことも大切です。施設にしましても、この前のリオ五輪はレガシーが全然使われていないようなので、その後についてもフォローして報道していただけたらと思います。

松本　小椋さん、いかがでしょうか。

マラソン札幌開催の経過

2019年9月27〜28日	●ドーハで開催された陸上の世界選手権の女子マラソンで高温多湿の影響により棄権者が相次ぐ
10月16日	●国際オリンピック委員会（IOC）がマラソンと競歩を札幌開催に変更する代替案の検討に入ったと発表
17日	●IOCのバッハ会長が「IOC理事会と大会組織委員会は札幌市に移すことに決めた」と発言
11月1日	●IOC、東京都、組織委、政府の4者協議が開かれ、札幌開催で決着。札幌移転で生じる費用は都が負担しないことなどを確認
8日	●組織委、札幌市、北海道が実務者会議を初開催。仮設設備を含む大会経費は組織委とIOCが支払うなど、費用負担の原則で一致
18日	●組織委、札幌市、北海道の第2回実務者会議で、発着点を市中心部の大通公園とすることで一致
12月4日	●IOC理事会で大通公園発着を承認。計5種目を大会終盤4日間で集中開催。マラソンコースは協議継続に

小椋　マラソンの問題がありました。私自身の考えとしては、やはりIOCが変更したタイミング、急に決定というプロセスが一番の問題点だと思っています。でも今は札幌に対しての冷たい意見とかも多いみたいです。札幌はある意味、被害者だと思っていまして、日本で開催される五輪を盛り上げようという姿勢で札幌も手を挙げてくれたと思います。東京に関しては、これだけの時間、お金もすごく使って、やっぱり許せないと思う部分も分かるのです。でも、そこを争うべきではないと思っています。時間が全然ないというのもそうですけど、そういう報道に見えてしまう。取り上げ方も少し違うと思っています。選手は、たくさんの方に応援していただく中で試合をしたいので、今回の報道で動揺する選手もいるのではないかと思います。

バルセロナ五輪の選手村がすごくいいレガシーとして残っていて、五つ星のホテルになっています。バルセロナが良かった点はいろんなものがありますが、総合して言うと、市民が同じ方向に一丸となって向かっていった背景があった。今、この札幌と東京の問題で分裂みたいな形になってしまうのは五輪を成功させるためには違うのではないか。市民が同じ方向を向いて五輪・パラリンピックに向かっていけるような報道をしてほしいと思います。

松本　ありがとうございます。生島さん、いかがでしょうか。

生島　世界が自国第一主義になっているというのはスポーツ報道も同じで、日本もそうなっていると思います。1970年代から80年代が良かったのは、NHKが世界選手権を放送すると、ちゃんとほかの国にも目配りができていました。朝日新聞社と毎日新聞社が五輪の後に出す朝日グラフ、毎日グラフが全ての金メダリストの写真を載せるのは当時の名残で、そういったバランス感覚が必要だと思います。スポーツ報道が自国第一主義になったのはこの20年のことです。

98年にサッカーのフランスW杯に日本代表が初めて出場し、2001年にはイチローがアメリカに行きました。マリナーズの勝敗よりイチローが何本ヒットを打ったかに興味がシフトしたのです。あくまで、スポーツは相対的な力関係が重要です。世界の中で日本人はどうなのか？　という視点を持たないと、メディアの役割を果たしているとは思えない。世界にはすごい選手がいるということもちゃんと伝えていく。僕らの時代はカール・ルイスとかが大スターでした。ウサイン・ボルト級の超人がいれば報道されると思いますが、そういった世界的な視点。その意味では、ラグビーW杯は日本が負けた後も高視聴率をキープしたということで、海外への視点が令和の時代に育っていくといいなと思います。

松本　小林さん、パネリストのお三方のご意見を受けてメディアのお立場からいかがでしょうか。

小林　一言でまとめると、成熟社会にふさわしいスポーツ報道を目指すべきだろうと考えました。生島さんからマラソンが軽んじられているのではないかというお話がありました。思い出してみると、シドニーにいた時にアテネ五輪をテレビで見ていたのですが、スタートと折り返し、ゴールくらいです。日本みたいにずっと中継するなんてことはない。それとテニスの全豪オープンを取材して感じたのは、大抵の国の記者は自国の選手が負けると帰ってしまう。ですので、決勝戦になると記者席がガラガラになる。日本の記者くらいです。自分の国の選手がいなくなっても取材を続けるのは。どうせならこの精神を存分に発揮して、SDGsじゃないですけど、一人も取り残さない報道を心掛けていきたいと思います。

松本　ありがとうございました。さて、最後にパネリストの皆さま方にメッセージをいただきたいと思います。東京五輪・パラリンピック、そして大阪・関西万博を成功させるために何が大事なのでしょうか。メディアが果たす役割はあるのか。将来的な東京・大阪の未来予想図でも結構です。会場の皆さま方に伝えたいメッセージをいただきたいと思います。

宮本　五輪と万博を楽しむと同時に、IT、AI、5Gの発展に注目したいです。こういうものが発展して、東京・大阪が未来に向けて非常に素晴らしい地域、都市になっていくように願っておりますし、そのためにはラグビーではございませんけど、日本人がワンチームになって世界の平和、社会の発展につながっていくことが大事だと思います。そして、その大切さを伝えることがメディアの役割ではないかと感じております。テレビで五輪や万博を見ているだけでなく、それらのイベントに参加することがまた素晴らしい楽しみを生むのだということを、メディアに伝えていただきたいと思います。

松本　ありがとうございます。次に、アスリートの立場から、貴重な意見をいろいろ頂きました。小椋さん、いかがでしょうか。

小椋　毎回思うのですが、五輪は選手だけではなく、たくさんの方々に支えられ、応援していただいて成功するものだと思っています。私がメディアとして海外の五輪に行って疲れた時、ボランティアの方から「お疲れさまでした」とか「おはようございます」という声を掛けてもらうだけで頑張ろうって思えます。そういった見えない所で頑張ってくれているボランティアの方もすごく大事で、もっとメディアを通して伝えていけたらと思います。終わった時にもう一度この国に行ってみたいと思ってもらえるような国になることが成功につながるのではないでしょうか。ぜひ皆さんにも盛り上げていただけたらと思います。

松本　ありがとうございます。生島さん、まとめのメッセージをいただけますか。

生島　報道に関してはグローバル的な視点ということでお話しさせていただきましたが、最後にパラリンピアンの木村敬一さんという2歳の時に視力を失った方の言葉をご紹介します。「海外に遠征に行って日本に帰ってくると、とてもみんな忙しそうです」とおっしゃっていました。「おおらかな社会になってほしい」と。それはすごく大事なことだと思うのです。確かに東京駅や大阪駅、人のスピードが尋常ではありません。ラグビーW杯の時、幸せな気持ちで掛川から新幹線に乗り、東京に帰った時には落差に驚いたこともありました。おおらかな社会が五輪を機に実現するといいなと思います。

松本　ありがとうございました。最後に小林さん、メディアのお立場からいかがでしょうか。

小林　今日のシンポジウムは大阪開催でしたので、大阪の皆さんにエールを送ります。オリンピックイヤーというのは、実は開催国に来る外国人訪問者数が減る傾向にあるのです。ロンドン五輪の時もそうでした。宿が高いとか、混んでいるだろうと思って五輪目当ての人以外の人が避けるのです。こうした教訓を生かして、来年に向けては東京以外の日本の魅力を海外向けにPRする必要があると考えます。関西の皆さんにはぜひ「大阪にこそ本当の日本がある」と強調していただいて、前年と比べて訪日外国人数が減らないよう頑張ってほしいと思います。東京五輪・パラをチャンスと捉えてほしいのです。

松本　ありがとうございました。東京五輪、そして大阪・関西万博後の東京と大阪が都市としてどう変貌していくのか。また、メディアはどう報道すればいいのかパネリストの皆さんから問題提起をいただき、議論を掘り下げ、さまざまなご意見をいただきました。東京五輪、大阪・関西万博に来てくれた海外の人たちに、またこの国に行ってみたいと思われるような国にしなければなりません。東京五輪そして大阪万博で、日本はおおらかな社会であることを世界に示していくことも大事です。宮本先生からは、ワンチームになって同じ方向を向いてやっていくことが大事だということと、確実に東京五輪・パラリンピック、大阪万博で経済成長することが見込まれているといったお話がありました。その一方、所得や健康などの格差が広がらないようにダウンサイズしていく。そうした社会づくりもとても大事だということもお話しいただきました。レガシーをしっかり報道機関として伝えてほしいというのは、パネリストの3人の方からいただいた言葉でした。そのレガシーというのはハードだけではなくソフトがむしろ大事なのだということが、非常に印象に残っています。皆さま、本日はご清聴いただきまして、大変ありがとうございました。

編集後記

成否の鍵握るパラリンピック

倉沢章夫《としお》
公益財団法人 新聞通信調査会 編集長

2020年の東京五輪・パラリンピック、25年の大阪・関西万博の二つの大イベントを通じて、日本がどう変貌していくのか、東京・大阪の未来はどのようになるのか、という問題意識が今回の大阪シンポジウム「五輪と万博、東京・大阪の未来予想図―メディアに課せられた視点―」を構想した理由である。

基調講演をお願いしたスポーツジャーナリストの二宮清純氏は、「2020年の勝負は五輪よりパラリンピック」「日本の民度が問われるのはパラリンピック」と指摘し、パラリンピックの重要性を強調された。この指摘は非常に重いと受け止めた。日本はこれから未曽有の高齢化社会に突入するわけだが、高齢者にやさしい環境はすなわち障害者にもやさしい環境のはずだ。パラリンピックを控えてそうした環境を整備することはすなわち高齢者、我々自身に返ってくることになる。

メディアもこれまでは五輪の競技ばかりに注目し、パラリンピックへの関心は相対的に薄かったような印象があるが、改めなければならないだろう。イベントが終了して東京が障害者にやさしい都市となっているかどうかを見守りたい。

基調講演に続いて行われた第２部のパネルディスカッションでは、関西大学名誉教授の宮本勝浩氏が五輪・万博の経済効果について分かりやすく説明され、「非常にインパクトがある」「大きな経済効果がもたらされるだろう」と述べられた。前向きで力付けられるプレゼンテーションだったと思う。

また元女子バドミントン日本代表の小椋久美子さんには、かつて選手として五輪に臨まれた際の体験を語っていただき、五輪の空気感、雰囲気が他の大会と全然違うことや日本で開催されることが後押しになるなどと話された。

スポーツライターの生島淳氏は、これまで通算6回の五輪取材での体験談を基に外国人の受け入れに当たって解決しなければならない問題が多いと指摘、五輪時の交通費がタダの都市もあり、東京もこれに倣うことはできないかと提言された。

時事通信社解説委員長の小林伸年氏は、前回の五輪・万博のレガシー（遺産）を詳しく説明した後、肥大化した五輪の見直しを提言、縮小もしくは縮小しないまでも都市開催から国開催へ変えるなど検討するきっかけにすべきだと述べられた。

ところで今回のシンポジウムは新聞通信調査会にとって初めての大阪開催だった。東京都所管から内閣府所管の公益財団法人となって全国規模で公益事業ができるようになったためである。シンポジウムの参加者は約120名に上り盛況で、初の大阪開催はまずまず成功だったと受け止めている。

最後になるが、パネルディスカッションのコーディネーターを務め、的確に議論を進めていただいた松本真由美氏、シンポジウムの設営・準備を委嘱した㈱共同通信社の方々に感謝を申し上げたい。ありがとうございました。

公益財団法人 新聞通信調査会 概要

名称	公益財団法人 新聞通信調査会
英文名称	Japan Press Research Institute（略称 JPRI ）
設立年月日	1947年12月15日
公益法人移行	2009年12月24日
理事長	西沢　豊
役員等	理事14名（うち常勤2名）、監事2名（非常勤）、評議員22名
所在地	〒100—0011　東京都千代田区内幸町2—2—1（日本プレスセンタービル1階）

2019年9月1日現在

組織図

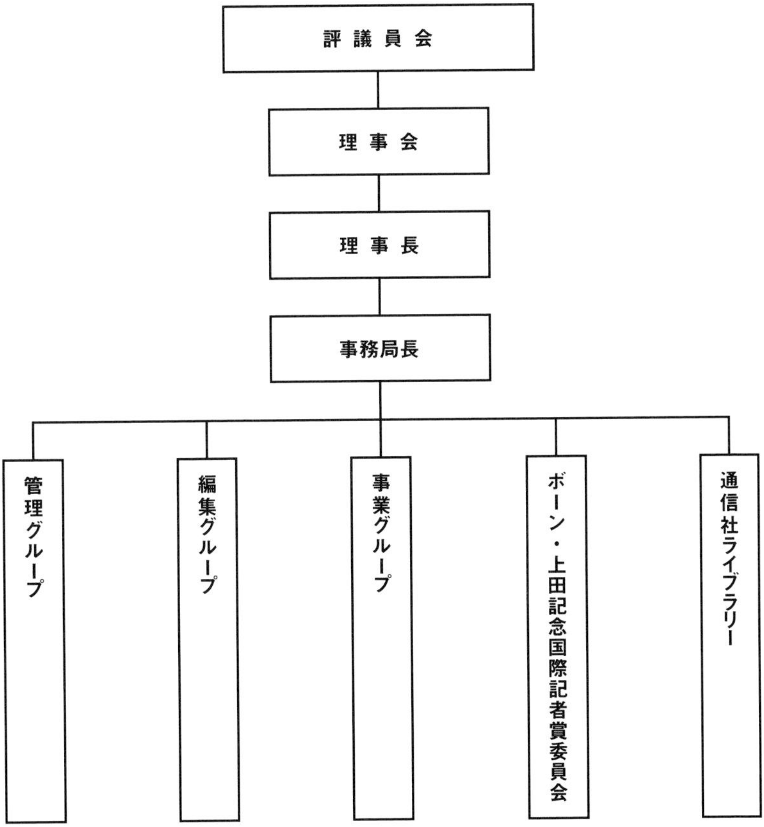

事業内容

講演会

原則として月1回開く定例講演会と、規模の大きい特別講演会を年2回、開催。ジャーナリスト、メディア研究者、文化人、現役記者らにホットな社会情勢、国際情勢をわかりやすく語ってもらう。講演概要は『メディア展望』に収録。入場無料。

シンポジウム

メディア界をめぐるさまざまな課題をテーマに毎年1、2回開催。ジャーナリスト、学者らをパネリストに招き討論する。事前に聴講希望者からの質問も募る。基調講演とパネルディスカッションは、それぞれ概要を『メディア展望』に収録するほか、詳細な内容は単行本にまとめている。入場無料。

世論調査

国内の5000人を対象にメディアの信頼度を調べる「メディアに関する国内世論調査」と米英仏中韓タイ6カ国の対日観などを調べる「海外における対日メディア世論調査」を毎年1回実施して公表。多くの新聞、放送、ネットで報じられ、引用されている。

メディア展望

メディアを取り巻く広範な課題についてジャーナリスト、専門家による論考記事を掲載する月刊誌。1963年発刊の『新聞通信調査会報』を2009年に改題した。毎月1日発行。全文を発行日以降、新聞通信調査会のホームページで読める。

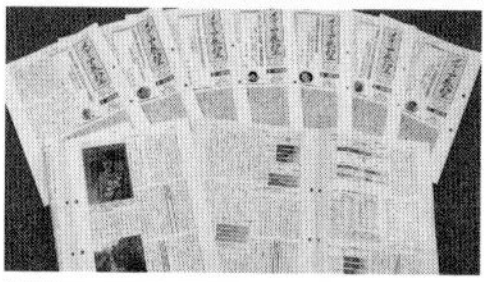

写真展

「定点観測者としての通信社」シリーズの報道写真展を毎年開催。これまでに取り上げたテーマは「憲法と生きた戦後～施行70年」(2016年度)、「南極観測60年」(2017年度)、「平成の軌跡」(2018年度)など。毎回、図録も作成している。

ボーン・上田記念国際記者賞

報道を通じて国際理解に貢献したジャーナリストを表彰する1950年創設の年次賞。当時のUP通信副社長マイルズ・ボーンと同盟通信編集局長や電通社長を務めた上田碩三の名を冠した。

出版補助

出版の機会に恵まれない研究者やジャーナリストによる論文などの刊行を助成する事業で2015年度から開始。年1回、春から夏にかけて公募している。

通信社ライブラリー

戦前の同盟通信社や現在の共同通信社、時事通信社およびメディア関連の資料、書籍を所蔵する専門図書館。蔵書は約約9000冊、資料は約2000点。入場無料。一般に開放している。

デジタルアーカイブ

通信社ライブラリーが所蔵する同盟通信社の配信記事や資料などをインターネットに公開している。当財団のホームページから閲覧できる。

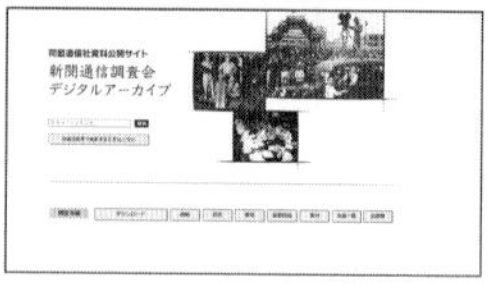

沿革

同盟通信本社が入居していた当時の市政会館

同盟通信社の編集局

1945年	同盟通信社解散。共同通信社と時事通信社が発足
1947年	同盟通信社解散に伴う清算事務完了後、残された資産などを基に財団法人通信社史刊行会として発足
1958年	『通信社史』刊行
1960年	財団法人新聞通信調査会と改称
1963年	『新聞通信調査会報』（現『メディア展望』）の発行開始
1976年	月例の定例講演会を開始
2008年	「メディアに関する全国世論調査」を開始
2009年	公益財団法人に移行
2010年	通信社ライブラリー開館
2012年	「定点観測者としての通信社」シリーズの写真展を開始
2013年	ボーン・上田記念国際記者賞の運営が日本新聞協会より移管
	シンポジウム「日中関係の針路とメディアの役割」を開催。シンポジウムはその後毎年開催
2015年	出版補助事業を開始
2017年	『挑戦する世界の通信社』刊行
2018年	デジタルアーカイブを開設し、同盟通信の配信記事を収録した『同盟旬報』などを公開
2019年	デジタルアーカイブで『海外電報』『同盟通信写真ニュース』『通信社史』などを公開 『メディア展望』をマイナーチェンジ 大阪で初となるシンポジウム「五輪と万博、東京・大阪の未来予想図」を開催

新聞通信調査会が出版した書籍

※はAmazonで販売中

書名	著者	出版年
通信社史	通信社史刊行会編	1958
障壁を破る　AP組合主義でロイターのヘゲモニーを打破	ケント・クーパー	1967
古野伊之助	古野伊之助伝記編集委員会	1970
国際報道と新聞	R・W・デズモンド	1983
国際報道の危機　上下	ジム・リクスタット共編	1983
アメリカの新聞倫理	ジョン・L・ハルテン	1984
国際報道の裏表	ジョナサン・フェンビー	1988
さらばフリート街	トニー・グレー	1991
放送界この20年　上下	大森幸男	1994
IT時代の報道著作権	中山信弘監修	2004
新聞の未来を展望する	面谷信監修	2006
在日外国特派員	チャールズ・ポメロイ総合編集	2007
岐路に立つ通信社		2009
新聞通信調査会報　CD-ROM（1963～2007年）		2009
日本発国際ニュースに関する研究	有山輝雄ほか	2009
ブレーキング・ニュース	AP通信社編	2011
関東大震災と東京の復興	新聞通信調査会編	2012
メディア環境の変化と国際報道	藤田博司ほか	2012
大震災・原発とメディアの役割		2013
日本からの情報発信※	有山輝雄ほか	2013
写真でつづる戦後日本史※	新聞通信調査会編	2013
東京の半世紀※	新聞通信調査会編	2014
日中関係の針路とメディアの役割	新聞通信調査会編	2014
ジャーナリズムの規範と倫理※	藤田博司・我孫子和夫	2014
2020東京五輪へ	新聞通信調査会編	2014
ジャーナリズムよ	藤田博司	2014
戦後70年※	新聞通信調査会編	2015

書名	著者	出版年
子どもたちの戦後70年※	新聞通信調査会編	2015
広がる格差とメディアの責務※	新聞通信調査会編	2016
報道写真が伝えた100年※	新聞通信調査会編	2016
コレクティヴ・ジャーナリズム※	章蓉	2017
プライバシー保護とメディアの在り方※	新聞通信調査会編	2017
憲法と生きた戦後※	新聞通信調査会編	2017
挑戦する世界の通信社※	「世界の通信社研究会」編	2017
南極観測60年※	新聞通信調査会編	2018
ポピュリズム政治にどう向き合うか※	新聞通信調査会編	2018
メディアに関する全国世論調査（第1回～第10回）	新聞通信調査会編	2018
復刻版「同盟旬報・同盟時事月報」		2018
松方三郎とその時代※	田邊純	2018
NPOメディアが切り開くジャーナリズム※	立岩陽一郎	2018
人口急減社会で何が起きるのか※	新聞通信調査会編	2018
平成の軌跡※	新聞通信調査会編	2018
米中激突、揺れる国際秩序※	新聞通信調査会編	2018
大地震、異常気象をどう乗り切るか※	新聞通信調査会編	2019
熱気・五輪・1964※	新聞通信調査会編	2019
五輪と万博、東京・大阪の未来予想図※	新聞通信調査会編	2020

新聞通信調査会シリーズ（小冊子）

通信社の話	通信社史刊行会	1953
新聞組合主義の通信社のありかた	通信社史刊行会	1959
日本の新聞界と外国通信社	福岡誠一	1960
通信衛星の現状と将来	岸本康	1962
日本通信社小史（A short History of the News Agency in Japan）	古野伊之助	1963
世界の通信社	ユネスコ編	1964
アジア通信網の確立	吉田哲次郎	1968
物語・通信社史	岩永信吉	1974
新聞の名誉棄損　上下	日本新聞協会調査資料室編	1974
STORY OF JAPANESE NEWS AGENCIES	岩永信吉	1980

シンポジウム

五輪と万博、東京・大阪の未来予想図

—メディアに課せられた視点—

発行日　2020年２月10日　初版第１刷発行

発行人　西沢　豊
編集人　倉沢章夫
発行所　公益財団法人 新聞通信調査会
〒100-0011
東京都千代田区内幸町２-２-１　日本プレスセンタービル１階
TEL　03-3593-1081（代表）　FAX　03-3593-1282
URL　https://www.chosakai.gr.jp/

装丁　野津明子（böna）
写真　河野隆行（口絵、本文）、共同通信社（表紙、本文）
編集協力　株式会社共同通信社
印刷・製本　株式会社太平印刷社

ISBN978-4-907087-36-4